# Der Patientenwille

## Was tun, wenn der Patient nicht mehr selbst entscheiden kann?

**6. Auflage**

# Vorwort

Für viele Menschen in unserer Gesellschaft ist es schwierig und unangenehm, sich mit kritischen Situationen, „die das Leben so mit sich bringt", und ihren Konsequenzen auseinander zu setzen: Es geht um den Umgang mit schweren Krankheiten, mit Unfällen und vor allem mit den Beschwerden des Alters.

Während das Sterben in früheren Zeiten wegen mangelnder medizinischer Möglichkeiten von der Geburt bis ins Alter als ständiger Begleiter akzeptiert werden musste, werden heutzutage dank der Fortschritte der Medizin Gedanken an den Tod weit hinausgeschoben. Es ist eine Tatsache, dass in manchen Notfallsituationen die ärztliche Hilfe zu spät kommt, um die Gesundheit wieder herzustellen, und dass auch intensivste Therapiemaßnahmen misslingen können. Zurück bleiben nicht selten Patienten, die ohne jedes Bewusstsein und in völliger Abhängigkeit weiterleben müssen. Allein in Deutschland darf man von mehreren 10.000 Patienten mit „Apallischem Syndrom" ausgehen.

Ganz besonders wird in unserer immer älter werdenden Gesellschaft die Demenz in allen ihren Erscheinungsformen gefürchtet. Gegen diese immer häufiger diagnostizierte Krankheit, die auch als „Krebs des Geistes" bezeichnet wird, gibt es bisher kein zugelassenes Heilmittel, sondern nur lindernde Mittel. Besonders die unaufhaltsame Veränderung der Persönlichkeit und der unwiederbringliche Verlust der geistigen und körperlichen Fähigkeiten bis hin zum Verlust des Hunger- und Durstgefühls erschrecken uns.

Angesichts dieser Situationen ist es sinnvoll, sich in gesunden Tagen konkrete Vorstellungen darüber zu machen, wieweit bei gewissen lebensbedrohlichen Erkrankungen eine Therapie durchgeführt wird oder ob eine nicht mehr zielführende Medizin beendet wird. Zugleich sollte das Sterben unter guter palliativer, also möglichst leidfreier Betreuung zugelassen werden. Diese Gedanken sind als „höchstpersönlicher Wille", wie es im Gesetz heißt, in einer schriftlichen Patientenverfügung niederzulegen, für den Fall, dass sich der Patient nicht mehr direkt äußern kann.

Wenn die Patientenverfügung noch vor wenigen Jahrzehnten von einigen Ärzten als wenig hilfreich oder gar als nutzlos bezeichnet wurde, so ist sie heute allgemein anerkannt und ein wichtiges Dokument, um den Willen eines Patienten umzusetzen. Aber nicht jeder Betroffene hat eine Patientenverfügung verfasst. Dann muss der mutmaßliche Wille anhand früherer Äußerungen und Handlungen ermittelt werden, was regelmäßig auf Schwierigkeiten stößt. Entscheidend ist hier die Einbeziehung aller wichtigen Äußerungen des Betroffenen zum Leben und Sterben, damit schließlich alle Beteiligten mit einer gemeinsamen Entscheidung leben können.

Die vorliegende Broschüre „Der Patientenwille" stellt die rechtlichen und ethischen Grundlagen des Willens und dessen Ermittlung dar und befasst sich mit Fragen zur therapeutischen Indikation und deren Beendigung im Sinne des Patientenwohls. Im letzten Teil finden sich ausführliche Fallberichte mit umfassenden Kommentaren.

Diese Broschüre wurde im Jahr 2011 von Herrn Dr. med. Jürgen Bickhardt entwickelt und über vier Auflagen hinweg engagiert betreut. Herr Dr. Bickhardt ist im Mai 2019 verstorben.

Mühldorf, im Dezember 2022
Dr. Hans Dworzak

# Inhaltsverzeichnis

# Weiterführende Literatur, Begriffserklärung

**Vorsorge für Unfall, Krankheit, Alter** durch Vollmacht, Betreuungsverfügung, Patientenverfügung, hrsg. vom Bayerischen Staatsministerium der Justiz, 21. Auflage 2023

**Die Vorsorgevollmacht** – Was darf der Bevollmächtigte?, von Prof. Dr. Bernhard Knittel, hrsg. vom Bayerischen Staatsministerium der Justiz, 6. Auflage 2023

**Meine Rechte als Betreuer und Betreuter,** von Prof. Dr. Walter Zimmermann, hrsg. vom Bayerischen Staatsministerium der Justiz, 5. Auflage 2023

Bickhardt, Patientenverfügung, Ausdruck der Selbstbestimmung – Auftrag zur Fürsorge, 2005

Grundsätze der Bundesärztekammer zur ärztlichen Sterbebegleitung (www.back.dc), 2011

Empfehlungen der Bundesärztekammer und der zentralen Ethikkommission der Bundesärztekammer: „Umgang mit Vorsorgevollmacht und Patientenverfügung in der ärztlichen Praxis" (www.baek.de), 2018

Sterben lassen – über Entscheidungen am Ende des Lebens, von Ralf. J. Jox, Edition Körber-Stiftung, 2013

Ausweg am Lebensende, Sterbefasten – Selbstbestimmtes Sterben durch freiwilligen Verzicht auf Essen und Trinken, von Boudewijn Chabot und Christian Walther, 5. Auflage 2017

„Sterben hat seine Zeit" archiv.ehd.de/download/ekde_texte_80.pdf

## Medizinische Begriffe

**Demenz:** Verlust erworbener geistiger Fähigkeiten, insbesondere Gedächtnisverlust und Veränderung der Persönlichkeit als Folge einer substanziellen Hirnschädigung.

**Diagnostische Maßnahmen:** Alle Untersuchungsformen, die zur Erkennung eines Krankheitsgeschehens, zum Ausschluss von Krankheiten oder zur Verlaufsbeobachtung schon bekannter Krankheiten angewendet werden. Ihre Durchführung ist an das Einverständnis des über diese Maßnahmen ausreichend aufgeklärten Patienten oder seines Vertreters gebunden.

**Koma:** Nicht medikamentös herbeigeführte tiefe und länger anhaltende Bewusstlosigkeit. Das **Wachkoma (Apallisches Syndrom)** ist ein vollständiger oder weitgehender Ausfall aller Großhirnfunktionen. Patienten im Wachkoma sind unfähig zu bewusstem Denken, zu gezielten Bewegungen oder zur Kontaktaufnahme mit anderen Menschen, während lebenswichtige Funktionen wie Atmung oder Nierentätigkeit erhalten sind, möglicherweise auch die Fähigkeit zu Empfindungen. Wachkomapatienten sind voll pflegebedürftig und müssen künstlich mit Nahrung und Flüssigkeit versorgt werden. In extremen Ausnahmefällen können Wachkomapatienten nach Jahren intensiver Pflegebedürftigkeit und Behandlung in ein teilweise selbstbestimmtes Leben zurück finden.

**Künstliche Beatmung:** Künstliche (maschinelle) Belüftung der Lunge über eine Maske, über einen in die Luftröhre gelegten Schlauch oder einen Luftröhrenschnitt bei Unfähigkeit, den für das Leben notwendigen Gasaustausch in der Lunge durch Spontanatmung (Eigenatmung) herbeizuführen (z. B. bei Wiederbelebung oder schweren Lungenerkrankungen).

**Künstliche Ernährung:** Künstliche Zufuhr kalorienreicher Lösungen Kunststoffsonden, die durch die Nase, den Mund oder die Bauchdecke bzw. die Venen in den Körper eingebracht werden.

**Künstliche Flüssigkeitszufuhr:** Wie künstliche Ernährung. Kleinere Mengen (bis zu 1 Liter Infusion/Tag) können vorübergehend über dünne Kanülen in das Unterhautfettgewebe langsam verabreicht werden.

**Künstliche Niere („Dialyse"):** Vorübergehender oder dauerhafter Ersatz der Nierenfunktion durch Maschinen, die vom Blut des Patienten durchströmt werden. Dabei werden dem Blut Stoffwechselgifte entzogen, die sonst durch die Nieren ausgeschieden werden; bei Bedarf auch Flüssigkeit, Mineralien und Arzneimittelabbauprodukte.

**Lindernde Maßnahmen:** Dienen ausschließlich der Linderung von leidvollen Krankheitserscheinungen (wie

Schmerz, Luftnot, Übelkeit, Erbrechen, Angst, Panik) und sollen die Lebensqualität des Betroffenen verbessern. Dazu gehören Lagerung, Kühlung, Mundpflege und Medikamente.

**Palliativmedizin/Palliativpflege:** Leidlindernde Medizin und Pflege bei Patienten mit unheilbarer, weit fortgeschrittener Erkrankung mit dem Ziel der Verbesserung der Lebensqualität, nicht der Lebensverlängerung. Die Behandlung bezieht auch die seelischen, sozialen und spirituellen Nöte der Betroffenen mit ein. Das Ziel wird durch das Zusammenwirken verschiedener Berufsgruppen (u. a. Ärzte, Pflegekräfte, Psychologen, Seelsorger, Krankengymnasten, ehrenamtliche Hospizhelfer) erreicht. Der Begriff geht auf das lateinische Wort „palliare" zurück, das „umhüllen, schützen" also „umfassend umsorgen" meint.

**PEG/PEJ (Percutane endoskopische Gastrostomie/Jejunostomie):** Einlegen einer Sonde durch die Bauchdecke in den Magen oder Zwölffingerdarm zwecks künstlicher Zufuhr von Nahrung, Flüssigkeit oder Medikamenten im Rahmen einer Magenspiegelung.

# Einleitung

„Mein Bruder, heute fast 82 Jahre alt, hatte 1998 eine Patientenverfügung verfasst und verunglückte im Mai 2006. Seither liegt er, nach einer Hirnoperation, in einem katholischen Pflegeheim mit Magensonde im Koma. Pflegepersonal und Angehörige dürfen nur im Schutzkittel, mit Handschuhen und Mundschutz zu ihm, damit er sich nicht infiziert.

Falls er einmal erwachen würde, was nach nunmehr mehr als zwei Jahren nahezu ausgeschlossen werden darf, sähe er sich von grünen Maskierten umgeben. Ihn zu streicheln, Hautkontakt herzustellen, ist unmöglich. Für seine rechte Hand, den einzigen ein wenig beweglichen Körperteil, bekommt er Krankengymnastik, hinterher aber eine Socke über die Hand gezogen, damit er sich nicht verletzen kann.

„Ich kann ihn doch nicht töten!" argumentiert der Heimarzt gegenüber meiner 88-jährigen Schwägerin. Dass er mit seinem eigenmächtigen „Lebens"-Verlängerungsbeschluss mehr in Gottes Willen eingreift als mit der Einstellung der künstlichen Ernährung, kommt dem Arzt nicht in den Sinn. Die Heim- und Pflegekosten betragen übrigens etwa 4000 € im Monat."

(Leserbrief in der Süddeutschen Zeitung vom 5./6. Juli 2008)

Solche oder ähnliche Geschichten gehörten bisher zum traurigen Alltag in unseren Pflegeheimen und Krankenhäusern. Sie haben bei vielen Menschen Angst ausgelöst und lösen sie noch immer aus. Der Ruf nach „Erlösung" ist deshalb in Deutschland in den letzten Jahren lauter geworden. Die gesetzliche Freigabe von „Tötung auf Verlangen" nach holländischem Vorbild oder von ärztlicher Beihilfe zur Selbsttötung, wie sie in der Schweiz seit Jahren praktiziert wird, wurde immer häufiger gefordert. 2020 ist die Suizidassistenz auch vom deutschen Bundesverfassungsgericht als Grundrecht bestätigt worden.

Dabei hätten solche Geschichten wie die in dem Leserbrief beschriebene eigentlich gar nicht geschehen dürfen. Denn der Arzt, der nicht nach dem Patientenwillen handelt, macht sich der vorsätzlichen Körperverletzung schuldig und damit strafbar. So sieht es die gültige Rechtslage vor.

Wer darf in solchen Situationen am Ende des Lebens Entscheidungen über Fortführung oder Abbruch lebenserhaltender Maßnahmen treffen? Der Arzt? Die Angehörigen? Ein Bevollmächtigter oder Betreuer? Der Richter? Und nach welchen Gesichtspunkten müssen solche Entscheidungen getroffen werden? Dürfen wir medizinisch wirklich alles anwenden, was möglich ist? Wäre weniger Medizin nicht manchmal mehr? Ist die Grenze zwischen Lebensverlängerung und „Sterbensverlängerung" schon erreicht oder längst überschritten? So könnte über vielen Patientenschicksalen der Satz stehen: „Es gibt Schlimmeres als den Tod". Entspricht unser Handeln den Wünschen und Vorstellungen des Betroffenen, zumal dann, wenn er sich nicht dazu äußern kann? Welche Rolle spielt der schriftlich oder mündlich geäußerte Wille des Betroffenen? Und was soll geschehen, wenn keine Patientenverfügung vorliegt? Solche und andere Fragen beschäftigen viele Menschen, die mit derartigen Krankheitssituationen konfrontiert werden, vor allem die nahen Angehörigen und Freunde. Was viele nicht wissen: Die gültige Rechtslage ist viel besser als ihr Ruf. Nur in der Praxis wurde sie vielfach nicht befolgt. Das lag zum einen daran, dass über die Hälfte der Ärzte, aber auch viele Betreuungsrichter die Rechtslage gar nicht kannten; zum anderen daran, dass selbst die informierten Ärzte sich nicht getraut haben, gemäß dieser Rechtslage zu handeln. Denn sie mussten eine berechtigte Angst vor Strafverfolgung haben, wenn sie gemäß dem Patientenwillen lebenserhaltende Maßnahmen eingestellt oder Morphium mit dem Ziel der Schmerzlinderung verabreicht hatten.

Vieles hat sich geändert. Denn das, was bisher schon Rechtslage war, also durch richtungweisende Urteile unserer höchsten Gerichte festgelegt war, ist jetzt auch gesetzlich geregelt. Der Bundestag hat 2009 nach ausführlicher Diskussion das „Dritte Gesetz zur Änderung des Betreuungsrechts", das sog. **Patientenverfügungsgesetz,** beschlossen. Dieses Gesetz regelt die Verbindlichkeit von Patientenverfügungen und die Regeln der Feststellung des Patientenwillens. Darüber hinaus hat 2010 der Bundesgerichtshof strafrechtlich geklärt, dass Sterbehilfe durch Unterlassen, Begrenzen oder aktives Beenden einer begonnenen medizinischen Behandlung gerechtfertigt ist, wenn dies dem tatsächlichen oder mutmaßlichen Patientenwillen entspricht. Das neue Gesetz und dieses Urteil schaffen Rechtssicherheit und wirken der Verunsicherung in unserer Gesellschaft entgegen.

In der beispielhaften Eingangsgeschichte hat der Betroffene seinen Willen in einer Patientenverfügung schriftlich festgehalten. Und trotzdem hat sich der Arzt darüber hinweggesetzt. Viel häufiger kommt es allerdings vor, dass eine schriftliche Patientenverfügung gar nicht vorliegt oder dass eine Patientenverfügung auf die eingetretene Situation nicht anwendbar ist. Dann müssen früher geäußerte Behandlungswünsche (mündliche Patientenverfügung) festgestellt oder es muss der sogenannte mutmaßliche Patientenwille ermittelt werden. Wenn bisher Ärzte Angst davor hatten, Patientenverfügungen anzuerkennen, wie viel größer musste dann die Angst sein, den mutmaßlichen Willen von nicht mehr entscheidungsfähigen Patienten zu ermitteln! Und weil diese Angst so groß war, wurde der mutmaßliche Patientenwille nur selten ermittelt, obwohl dies bei den meisten Patienten nötig gewesen wäre.

Über Patientenverfügungen sind viele Bücher geschrieben worden. Doch zur Ermittlung des mutmaßlichen Patientenwillens gibt es kaum Literatur, bzw. nur schwer verständliche Texte. Diese Broschüre soll deshalb den Angehörigen und Freunden von Betroffenen, Bevollmächtigten oder Betreuern, aber auch Ärzten und Pflegekräften sowie allen Interessierten als Hilfestellung dienen, wenn sich die Frage stellt: Wie kommt eine verbindliche Entscheidung im Sinne des Patienten zustande und wer entscheidet über den Einsatz lebenserhaltender Maßnahmen bei nicht entscheidungsfähigen Patienten?

Die einzelnen Kapitel sind in sich geschlossen. Wiederholungen sind dabei nicht zu vermeiden. Einigen Lesern mag die gesamte Broschüre zu umfangreich erscheinen. Für diese Leser kann deshalb die Lektüre von Kapitel 3 als wichtigste Information ausreichen. Den Hinweisen auf weitere Einzelheiten in anderen Kapiteln kann man gezielt nachgehen. Wichtige medizinische Begriffe werden auf S. 4 erklärt. Aus Gründen der Vereinfachung wurde bei Bezeichnungen wie „Patient" oder „Arzt" nur die männliche Sprachform verwendet.

Die Broschüre soll in erster Linie eine pragmatische Anleitung zur Ermittlung des Patientenwillens und des subjektiven Patientenwohls von nicht entscheidungsfähigen Patienten sein und sie soll zu verantwortbaren ethischen Entscheidungen in schwierigen Grenzsituationen ermutigen. Sie sollte aber nicht als „Kochrezept" missverstanden werden, denn jeder Einzelfall ist anders gelagert. Der Text will auch aufzeigen, dass einzelfallbezogene Entscheidungen nicht nur möglich sind, sondern meistens im Einvernehmen zwischen allen Beteiligten erzielt werden können, zum Wohle und gemäß dem Willen der Betroffenen.

Dieser Text wurde bewusst nur aus der Sicht des Arztes geschrieben. Entscheidende Weichenstellungen über Entscheidungen am Lebensende hingen schon immer vom ärztlichen Verhalten gegenüber dem Patienten oder seinem rechtlichen Vertreter (Betreuer oder Bevollmächtigter) ab. Das wird auch in Zukunft so bleiben. Zentrale Bedeutung wird dazu immer das Gespräch zwischen dem betreuenden Arzt und dem Vertreter des nicht entscheidungsfähigen Patienten haben, in das wichtige Bezugspersonen des betroffenen Patienten einzubeziehen sind. Derartige Gespräche sollen Vertrauen schaffen und gemeinsam zu verantwortende Entscheidungen ermöglichen. Dadurch soll der Gang zum Rechtsanwalt oder zum Betreuungsgericht vermieden werden. Auch dazu möchte die Broschüre beitragen.

# 1 Die gültige Rechtslage

*In diesem Kapitel wird die Bedeutung und die Ermittlung des Patientenwillens (auch bei nicht entscheidungsfähigen Patienten) dargestellt; es werden die „Instrumente" der Vorsorge (Vorsorgevollmacht, Betreuungsverfügung, Patientenverfügung) vorgestellt und die Formen der sogenannten „Sterbehilfe" erklärt.*

*Ärztliches Handeln bewegt sich nie im rechtsfreien Raum. Ärzte müssen deshalb in ihrem Handeln neben der ärztlichen Indikation, den medizinethischen Leitwerten, den standesrechtlichen Grundsätzen und dem persönlichen Gewissen (siehe 2. Kapitel) stets auch die jeweils gültige Rechtslage beachten. Das gilt besonders für Entscheidungen am Lebensende. Die Rechtslage ist durch unser Grundgesetz, das Straf- und Zivilrecht (sowie zahlreiche weitere Normen) und durch sogenannte* ***rechtsbildende Urteile,*** *also Urteile der (meist) höchsten Gerichtsbarkeit, gekennzeichnet. In der Vergangenheit haben letztere eine große Bedeutung erlangt, weil viele Probleme nicht gesetzlich geregelt waren, etwa die Bedeutung von Patientenverfügungen oder der Stellenwert des mutmaßlichen Patientenwillens. Missverständliche Gerichtsurteile und die Alltagspraxis von vielen Medizinern und Betreuungsrichtern hatten zu Unsicherheit und Unzufriedenheit geführt. Nach dem klärenden Urteil des BGH 2003 und dem Beschluss des Deutschen Ärztetags 2004 hat der Deutsche Bundestag 2009 das sog. Patientenverfügungsgesetz beschlossen. Dieses Gesetz stärkt die Willenserklärung des Einzelnen und soll ihn davor schützen, dass andere seinen Willen und damit seine Menschenwürde missachten.*

## 1. Der Wille des entscheidungsfähigen Patienten

Die Menschenwürde, das Recht auf freie Entfaltung der Persönlichkeit und das Recht auf körperliche Unversehrtheit gehören zu den wichtigsten von unserer Verfassung geschützten Gütern (Grundgesetz: Art. 1 und Art. 2). Das bedeutet, dass **jeder Eingriff** in die körperliche Integrität (Unversehrtheit) eines Menschen durch ärztliche, pflegerische, krankengymnastische oder psychotherapeutische Handlungen, ja selbst durch die Tätigkeit eines Friseurs, **die Einwilligung durch den Betroffenen** erfordert. Das gilt nicht nur für den Beginn, sondern auch für die Fortsetzung derartiger „Eingriffe". Werden ärztliche oder andere Maßnahmen ohne Einwilligung des Betroffenen vorgenommen, dann erfüllen sie den strafbaren Tatbestand der vorsätzlichen Körperverletzung. Jeder Patient hat deshalb auch das Recht, ärztlich indizierte Eingriffe zu verweigern, deren Unterlassung sogar den eigenen Tod zur Folge haben kann. Unsere Rechtsordnung sieht das Recht des Einzelnen für Entscheidungen vor, die anderen als unsinnig oder gefährlich erscheinen mögen. Voraussetzung für derartige selbstbestimmte Entscheidungen sind die Einsichts- und Einwilligungsfähigkeit des Betroffenen. Voraussetzung für alle Entscheidungen ist eine angemessene ärztliche Aufklärung über die vorgesehenen Maßnahmen.

**→ PROBLEME**

Es kommt immer wieder vor, dass Schwerstkranke oder Hochbetagte am Ende ihres Lebens keine Kraft mehr aufbringen, ihren eigenen Willen durchzusetzen. Sie geben dem Drängen der Ärzte oder ihrer Angehörigen nach und lassen Eingriffe über sich ergehen, die sie eigentlich gar nicht wollen. Ähnlich ist die Situation bei leicht Demenzkranken, deren Willensäußerungen nicht ernst genommen werden (siehe 4. Kapitel). Aufgabe der Ärzte, aber auch der Betreuer und Bevollmächtigten ist es dann, diese Äußerungen zu entschlüsseln statt nur Überredungskünste oder gar sanften Zwang einzusetzen.

**→ HINWEIS**

Jeder Eingriff in die körperliche Unversehrtheit eines Menschen bedarf der Einwilligung durch den Betroffenen. Ohne diese Einwilligung erfüllt der Eingriff den Tatbestand der vorsätzlichen Körperverletzung. Und: Jeder hat das Recht, medizinische Eingriffe abzulehnen, selbst wenn dieser Eingriff sein Leben retten könnte.

Zur Willensäußerung entscheidungsfähiger Patienten gehören auch vorsorgliche Vorausverfügungen. Sie sollen gewährleisten, dass für den Fall der Nichtentscheidungsfähigkeit durch Unfall, Krankheit oder Alter nach den eigenen Vorstellungen gehandelt wird. Dafür stehen drei Möglichkeiten zur Verfügung, die sinnvoll miteinander verknüpft werden sollten (siehe Schema S. 10):

In der **Patientenverfügung** legt man beispielhafte Krankheitssituationen fest und bestimmt, welche Behandlungen man in diesen Fällen wünscht oder ablehnt, wenn man nicht mehr in der Lage ist, selbst zu entscheiden (Näheres siehe S. 12).

In der **Vollmacht** bevollmächtigt man eine oder mehrere Personen des eigenen Vertrauens zur Stellvertretung für den Fall, dass man selbst nicht mehr entscheiden kann (z. B. um einer eigenen Patientenverfügung Geltung zu verschaffen) (Näheres siehe S. 10).

Die **Betreuungsverfügung** ist eine Ersatzlösung für Bürger, die keinen Vertrauten zur Erstellung einer Vorsorgevollmacht gefunden haben. Hierin kann dem Betreuungsgericht vorgegeben werden, wer als rechtlicher Betreuer in Betracht kommt und wer nicht, für den Fall, dass man selbst nicht mehr entscheiden kann (Näheres siehe S. 11).

**→ HINWEIS**

Es ist ratsam, die Patientenverfügung mit einer Vorsorgevollmacht zu kombinieren. Dadurch kann eine spätere gesetzliche Betreuung vermieden werden.

## 2. Der Wille des nicht entscheidungsfähigen Patienten

Was aber gilt, wenn der Patient keine Entscheidungen mehr treffen kann, weil er z. B. schwer dement ist, im Wachkoma liegt oder einen schweren Schlaganfall erlitten hat? Wer darf dann an seiner Stelle entscheiden?

Ist bei nicht entscheidungsfähigen Patienten die ärztliche Indikation für medizinische Maßnahmen (Näheres siehe 2. Kapitel) getroffen worden, dann muss zunächst gefragt werden, ob schon ein Betreuer bestellt wurde oder ob es einen Bevollmächtigten gibt. Als zweites ist zu fragen, ob eine Patientenverfügung vorliegt. Je nach Antwort auf diese Fragen ergeben sich unterschiedliche formale Entscheidungswege, die das Schema unten verdeutlichen soll.

Dieses Schema gilt nicht für Notfälle, in denen der Arzt schnell handeln muss (Näheres siehe 2. Kapitel).

### a) Stellvertreter des nicht entscheidungsfähigen Patienten

In unserer Rechtsordnung gibt es zwei Möglichkeiten, an Stelle des betroffenen Patienten Entscheidungen zu treffen:

- durch einen **Betreuer,** der durch das Betreuungsgericht berufen wurde
- durch eine Vertrauensperson, die vom Betroffenen zu einem früheren Zeitpunkt dazu bevollmächtigt wurde **(Bevollmächtigter)**
- durch den **Ehegatten** (längstens 6 Monate in bestimmten Angelegenheiten der Gesundheitssorge)

Wie der Vertreter entscheiden soll, kann in einer **Patientenverfügung** geregelt werden.

*aa) Die Vollmacht*

Nicht zu verwechseln mit der Patientenverfügung ist die Vollmacht. Mit einer Vollmacht kann jeder Bürger über 18 Jahre eine oder mehrere Personen seines Vertrauens bevollmächtigen, im Fall der eigenen Nichtentscheidungsfähigkeit an seiner Stelle Entscheidungen zu treffen und für ihn zu handeln, also z. B. eine Patientenverfügung durchzusetzen. Die Vollmacht kann verschiedene Bereiche umfassen: die Sorge für gesundheitliche Belange („Gesundheitssorge und Pflegebedürftigkeit"), die Regelung von Aufenthaltsfragen und Wohnungsangelegenheiten, Vermögenssorge, Post- und Telekommunikation, Vertretung gegenüber Behörden sowie die Vertretung vor Gericht. Die Errichtung einer Vollmacht ist an gewisse Formvorschriften gebunden.

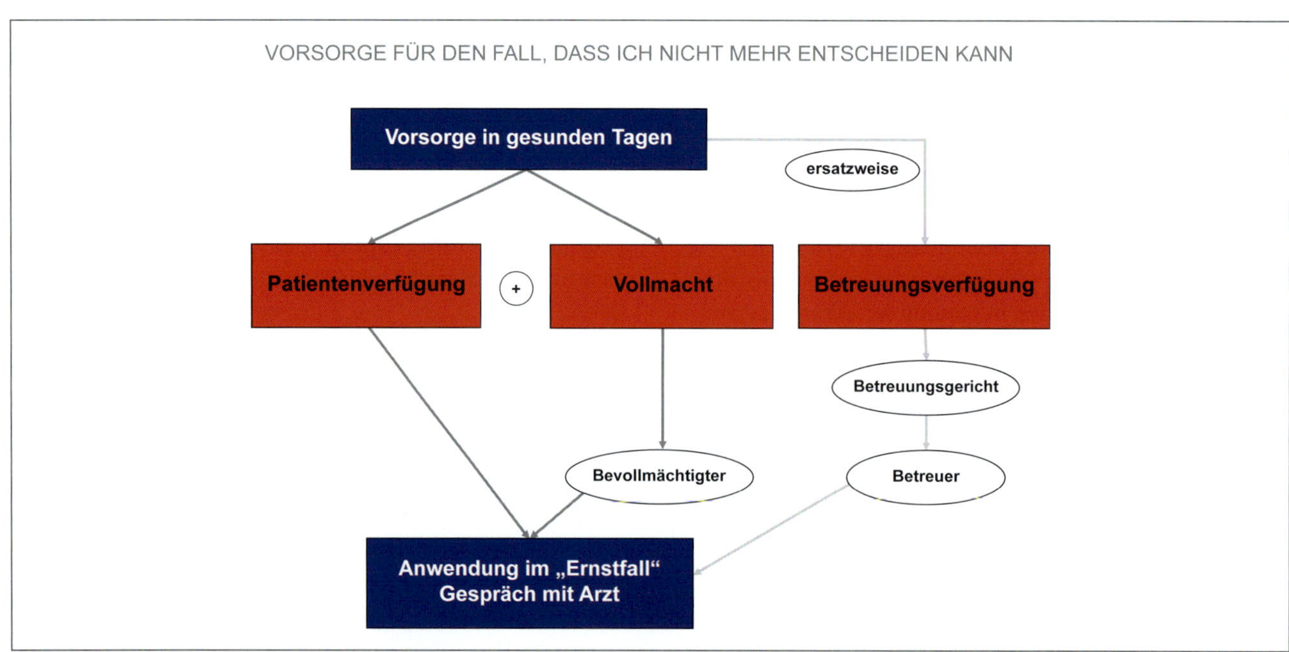

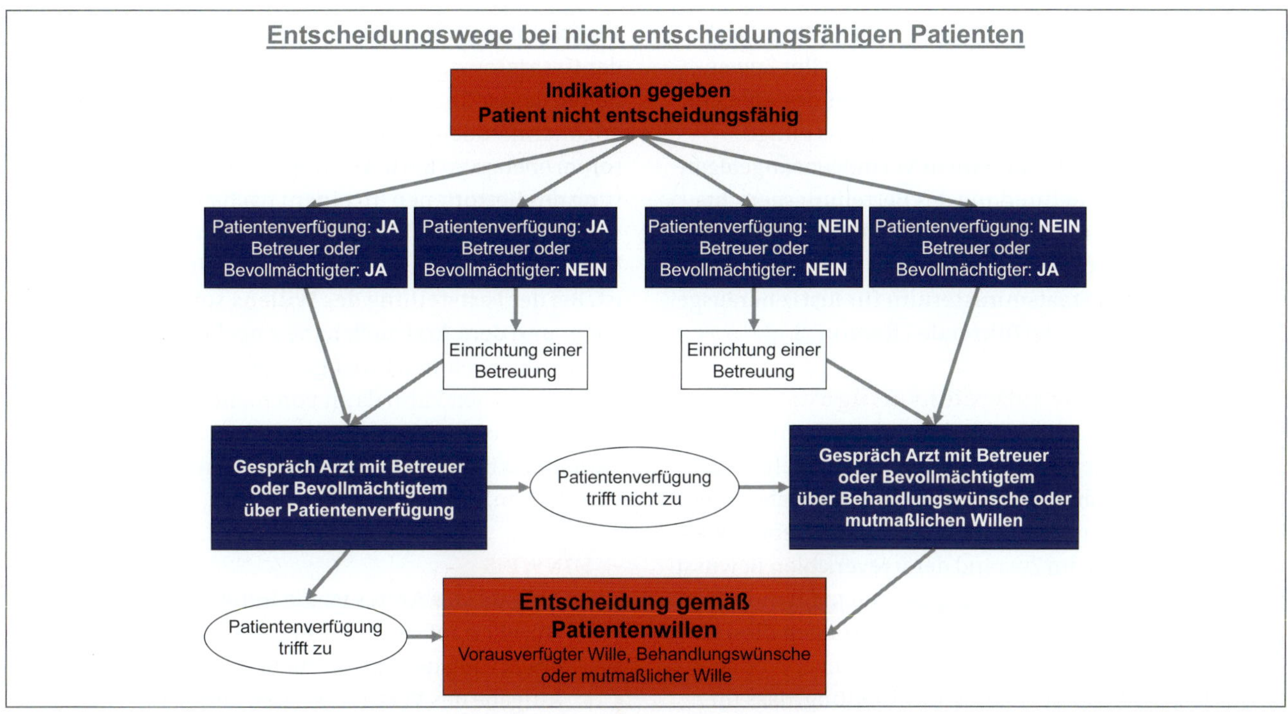


Unter anderem sollte sie schriftlich erstellt werden. Ein Musterformular findet sich in der Broschüre „Vorsorge für Unfall, Krankheit und Alter", die vom Bayerischen Staatsministerium der Justiz herausgegeben wird (siehe weiterführende Literatur, S. 4). Eine gültige Vollmacht **verhindert,** dass das Betreuungsgericht einen gesetzlichen Betreuer ernennt, wenn der Betroffene entscheidungsunfähig geworden ist.

Für den Bereich **Gesundheitssorge und Pflegebedürftigkeit** sollten folgende Grundsätze beachtet werden: Die Einwilligung des Bevollmächtigten in eine Untersuchung des Gesundheitszustands, in eine Heilbehandlung oder in einen ärztlichen Eingriff muss in der Vollmacht ausdrücklich erwähnt sein, auch wenn diese mit Lebensgefahr oder dauerhafter Schädigung verbunden ist. Gleiches gilt für die Nichteinwilligung in derartige Maßnahmen oder deren Widerruf, auch wenn dadurch Lebensgefahr für den Vollmachtgeber verbunden ist. Die Vollmacht sollte klar erkennen lassen, dass der Bevollmächtigte den in der Patientenverfügung festgelegten Willen durchsetzen soll und dass er seine Einwilligung zum Unterlassen oder Beenden lebensverlängernder Maßnahmen erteilen darf. Darüber hinaus sollte die Zustimmung des Bevollmächtigten zu einer eventuell notwendig werdenden Unterbringung mit freiheitsentziehender Wirkung, zu ärztlichen Zwangsmaßnahmen und zu freiheitsentziehenden Maßnahmen wie Bettgittern oder beruhigenden Medikamenten geregelt sein. In diesem Fall ist zusätzlich die Genehmigung des Betreuungsgerichts notwendig. Sind diese Punkte in einer Vollmacht nicht geregelt, dann muss dafür bei Bedarf eine Betreuung eingerichtet werden.

### *bb) Die Betreuungsverfügung*

Nicht alle Menschen möchten oder können eine Vollmacht erstellen. Entweder wollen sie vertraute Personen nicht mit einer Vollmacht belasten (z. B. Kinder, die gerade erst volljährig geworden sind) oder sie haben keine Vertrauten, die dafür in Betracht kommen. Dann gibt es immer noch die Möglichkeit, in einer Betreuungsverfügung festzulegen, wer von den Angehörigen als Betreuer **vom Betreuungsgericht** eingesetzt werden soll oder auch wer nicht. Das Betreuungsgericht ist zwar nicht an diese Vorgaben gebunden, übernimmt die Vorschläge aber in der Regel. Darüber hinaus kann man in der Betreuungsverfügung Wünsche niederschreiben, an die der zukünftige Betreuer im „Ernstfall" gebunden ist,

z. B., die Aufforderung, die Patientenverfügung durchzusetzen oder Wünsche bezüglich finanzieller Zuwendungen an Dritte. Ein Betreuer steht unter der Aufsicht des Betreuungsgerichts. Das bedeutet, dass einige Rechtsgeschäfte, insbesondere in Vermögensangelegenheiten, nur mit Genehmigung des Betreuungsgerichts möglich sind. Ein Musterformular findet sich in der Broschüre „Vorsorge für Unfall, Krankheit und Alter", die vom Bayerischen Staatsministerium für Justiz herausgegeben wird (siehe weiterführende Literatur, S. 4).

### b) Die schriftliche Patientenverfügung

Wir leben in einer Zeit des unerhörten medizinischen Fortschritts, in der „tödliche Erkrankungen nicht mehr zum Tod führen" dürfen und „die künstliche Lebensverlängerung die Norm" sein soll. Andererseits „leben" viele tausend Menschen im Zustand der irreversiblen Bewusstlosigkeit als Folge einer nicht geglückten medizinischen Behandlung. Keiner dieser Patienten hätte sich diesen Zustand je vorstellen wollen. Die Patientenverfügung ist deshalb die höchstpersönliche Mitteilung, dass ihr Verfasser um die Endlichkeit des Lebens weiß und er konsequent jede medizinisch unsinnige Verlängerung eines tödlichen Leidens ablehnt. Liegt eine gültige schriftliche Patientenverfügung vor, dann hat ihr Verfasser für den Fall, dass er selbst nicht mehr entscheiden kann, beispielhaft festgelegt, in welchen möglichen Krankheitssituationen er bestimmte medizinische oder pflegerische Maßnahmen wünscht bzw. nicht wünscht. Er kann sie jederzeit formlos widerrufen. Stellen Arzt und Vertreter in der entscheidenden Situation gemeinsam fest, dass die Patientenverfügung auf die eingetretene Krankheitssituation zutrifft und sich keine Anhaltspunkte dafür finden lassen, dass der Betroffene seit Erstellung der Patientenverfügung seine Meinung geändert hat, dann ist diese Verfügung verbindlich und **muss befolgt** werden. Handlungen gegen einen solchermaßen vorausverfügten Patientenwillen sind ebenso als vorsätzliche Körperverletzung zu bewerten wie die Nichtbefolgung des Willens entscheidungsfähiger Patienten.

Das Gesetz misst dem Gespräch zwischen Arzt und Vertreter große Bedeutung bei. Damit wird einer von Kritikern befürchteten „automatischen" Umsetzung von Patientenverfügungen ein Riegel vorgeschoben. Aufgabe des Arztes ist es zunächst zu prüfen, welche **ärztlichen Maßnahmen** in der eingetretenen Situation überhaupt noch indiziert sind (siehe 2. Kapitel). Dabei ist der **Gesamtzustand des Patienten** (u. a. Alter, Krankheiten, leidvolle Symptome, deren Beherrschbarkeit, der anzunehmende subjektive Leidensdruck, soziale Faktoren) ebenso zu berücksichtigen wie die Lebenserwartung des Betroffenen. In einem nächsten Schritt ist zu erörtern, wie der Wille des Patienten in dieser Situation hinsichtlich möglicher Maßnahmen einzuschätzen ist. Bei der **Feststellung des Willens** sollen vom Vertreter und dem Arzt auch nahe Angehörige und andere Vertrauenspersonen hinzugezogen werden. Der Wille des Betroffenen kann dann von mehreren Personen ermittelt werden. Aufgabe des Vertreters ist es, diesem Patientenwillen in der konkreten Situation Geltung zu verschaffen, ihn also durchzusetzen.

→ **HINWEIS**

- Aufgabe des Arztes ist die Indikationsstellung im Hinblick auf den Gesamtzustand und die Lebenserwartung des Betroffenen.
- Aufgabe des Vertreters ist es, dem schriftlich vorausverfügten Patientenwillen, den Behandlungswünschen oder dem mutmaßlichen Patientenwillen Geltung zu verschaffen.
- Aufgabe von beiden ist die gemeinsame Ermittlung des Patientenwillens (unter Einbeziehung naher Angehöriger und anderer Vertrauenspersonen).

Die „ideale" Patientenverfügung, mit der alle zufrieden sind, kann es nicht geben. Das Gesetz sieht – abgesehen von der Schriftform – keine weiteren Formvorschriften vor. Viele Bürger wünschen sich ein kurzes und einfaches Formular, das schnell ausgefüllt werden kann. Im Ernstfall können aber solche einfachen Formulare den Vertreter und den behandelnden Arzt in Schwierigkeiten bringen. Deshalb ist es ratsam, bestimmte Verfahrensregeln einzuhalten:

**Unverzichtbare Bestandteile** einer Patientenverfügung sind neben einer definitiven Eingangsformel („Wenn ich nicht mehr in der Lage bin, meinen Willen zu bilden oder verständlich zu äußern") die möglichst genaue Beschreibung von Krankheitssituationen (z. B. „dauerhaftes unumkehrbares Wachkoma") und von konkreten Wünschen, welche Maßnahmen in diesen Situationen ergriffen werden sollen (z. B. „gute Schmerztherapie") und welche unterbleiben sollen (z. B. „künstliche Zufuhr von Nahrung und Flüssigkeit"). Der Bundesgerichtshof hat 2016 noch einmal klargestellt, dass allgemeine Formulierungen wie „keine lebenserhaltenden Maßnahmen" keine hinreichend konkreten Behandlungsentscheidungen im Sinne der Gesetzgebung von 2009 sind. Nach der neuen Gesetzeslage dürfen sich aber Patientenverfügungen auf alle Krankheiten „unabhängig von Art und Stadium" beziehen. Eine sogenannte „Reichweitenbegrenzung" von Patientenverfügungen gibt es daher nicht (siehe 6. Kapitel). Sie könnte aber individuell in der Verfügung gewünscht werden, was ihre Umsetzung aber erschweren kann.

Es empfiehlt sich, **Formulare** zu verwenden, in denen die **exemplarische Beschreibung** der Krankheitssituationen und der gewünschten Maßnahmen medizinisch korrekt formuliert ist, und den Formularen **persönliche Ergänzungen** hinzuzufügen. Derartige persönliche Erläuterungen können sich auf die persönliche Lebenssituation und Lebenshaltungen, Erfahrungen mit eigenen Krankheiten oder Krankheiten aus dem eigenen Umfeld, **Wertvorstellungen** oder religiöse Anschauungen beziehen. Solche Ergänzungen haben den Vorteil, dass Vertreter und Arzt neben den in den Formularen angekreuzten Wünschen auch die Haltung des jeweils Betroffenen erkennen können. Das kann dann besonders wichtig sein, wenn die Patientenverfügung nicht genau auf die eingetretene Situation zutrifft, sodass auf mündliche Behandlungswünsche zurückgegriffen oder der mutmaßliche Patientenwille ermittelt werden muss. Für individuelle Erkrankungen und Notfälle sind Ergänzungen wichtig. Sie können sich dazu von Einrichtungen der spezialisierten Hospiz- und Palliativversorgung beraten lassen *(Advance Care Planning* oder *Behandlung im Voraus planen).* Einzelheiten dazu finden Sie auch in der Broschüre „Vorsorge für Unfall, Krankheit und Alter", herausgegeben vom Bayerischen Staatsministerium der Justiz (siehe weiterführende Literatur, S. 4) und unter www.beizeiten-begleiten.de.

**→ HINWEIS**

Je ungenauer und allgemeiner eine Patientenverfügung formuliert ist, um so eher wird sie im „Ernstfall" nicht zutreffen oder nicht ernst genommen. In diesen Fällen müssen dann die „Behandlungswünsche" festgestellt werden oder der mutmaßliche Wille ermittelt werden. Lassen Sie sich vor der Abfassung Ihrer Patientenverfügung beraten. Besprechen Sie die Verfügung mit Angehörigen oder Freunden und Ihrem Hausarzt. Verwenden Sie Vorlagen, die medizinisch korrekt sind und die Möglichkeiten für persönliche Ergänzungen vorgesehen haben (z. B. Broschüre „Vorsorge für Unfall, Krankheit und Alter durch Vollmacht, Betreuungsverfügung und Patientenverfügung" des Bayerischen Staatsministeriums der Justiz", siehe weiterführende Literatur, S. 4).

### c) Behandlungswünsche

„Liegt keine Patientenverfügung vor oder treffen die Festlegungen einer Patientenverfügung nicht auf die aktuelle Lebens- und Behandlungssituation zu, hat der rechtliche Vertreter die Behandlungswünsche oder den mutmaßlichen Willen des Betreuten festzustellen und auf dieser Grundlage zu entscheiden, ob er in ärztliche Maßnahmen einwilligt oder sie untersagt." So sieht es das Gesetz vor. Behandlungswünsche sind einer **mündlichen Patientenverfügung gleichzusetzen.** Ihre Feststellung hat vorrangig zu erfolgen (Näheres siehe 3. Kapitel).

### d) Der mutmaßliche Patientenwille und das subjektive Patientenwohl

Hat der Betroffene seinen Angehörigen oder seinem Arzt gegenüber keine Behandlungswünsche geäußert oder sind diese auf die vorliegende Situation nicht anwendbar, dann ist der mutmaßliche Wille zu ermitteln. Dazu sagt das Gesetz: „Der mutmaßliche Wille ist aufgrund konkreter Anhaltspunkte zu ermitteln. Zu berücksichtigen sind insbesondere frühere mündliche oder schriftliche Äußerungen, ethische oder religiöse Überzeugungen und sonstige persönliche Wertvorstellungen des Betreuten." Diese Formulierung lehnt sich an wegweisende Urteile des Bundesgerichtshofs und an die Grundsätze der Bundesärztekammer zur ärztlichen Sterbebegleitung an.

Mit diesem Gesetz sind vielen Spekulationen die Basis entzogen, ob der mutmaßliche Wille wirklich Gewicht haben soll (siehe 6. Kapitel). Entscheidend ist, dass dieser Wille **sorgfältig und möglichst übereinstimmend** vom Vertreter und anderen Vertrauenspersonen des betroffenen Patienten ermittelt wird. Er hat dann die **gleiche Gültigkeit** wie der mündlich geäußerte Wille entscheidungsfähiger Patienten oder der vorausverfügte Wille in einer Patientenverfügung. Laut Gesetz sind Behandlungswünsche oder der mutmaßliche Wille vom Vertreter festzustellen. Kein Arzt kann sich deshalb einem Gespräch mit dem Vertreter über Behandlungswünsche oder den mutmaßlichen Patientenwillen verweigern. Im Gegenteil ist es sinnvoll, wenn Ärzte ihrerseits den Anstoß zu derartigen Gesprächen geben. Denn es ist auch in ihrem Interesse, gemäß dem Patientenwillen zu handeln. Die sorgfältige Ermittlung des mutmaßlichen Patientenwillens ist in der Regel mit der Ermittlung des subjektiven Patientenwohls gleichzusetzen, das immer Maßstab für die Entscheidungen des Vertreters sein muss.

→ **HINWEIS**

Wenn Patienten Behandlungswünsche für zukünftige Behandlungssituationen äußern wollen für den Fall, dass sie später entscheidungs**un**fähig werden, ist es ratsam, wenn sie diese mündlichen Wünsche sowohl den Angehörigen als auch dem Arzt gegenüber äußern. Damit können spätere Konflikte vermieden werden. Noch besser ist die schriftliche Niederlegung dieser Wünsche in einer Patientenverfügung.

## e) Das objektive Patientenwohl

Liegt bei nicht entscheidungsfähigen Patienten **keine Patientenverfügung** vor und lassen sich trotz großer Sorgfalt **weder mündlich geäußerte Behandlungswünsche noch der mutmaßliche Patientenwille** ermitteln, dann ist das objektive Patientenwohl für die Entscheidung maßgeblich. In dieser (seltenen) Situation muss zunächst abgewogen werden, ob der Nutzen oder Schaden der geplanten Maßnahme überwiegt. Überwiegt der Nutzen für den Patienten oder bestehen Zweifel über das Verhältnis von Nutzen und Schaden, dann hat der Lebenserhalt Vorrang.

Dem Selbstbestimmungsrecht sind aber auch **Grenzen** gesetzt: So ist die Tötung auf Verlangen (sogenannte „aktive Sterbehilfe") ein Straftatbestand und somit verboten. Auch können vom Arzt Maßnahmen, die nicht indiziert oder sogar untersagt sind, nicht eingefordert werden. Ebenso kann kein Arzt dazu gezwungen werden, gegen seine Gewissensüberzeugungen zu handeln, selbst wenn die Handlung rechtens wäre. Allerdings muss er in diesem Fall dafür sorgen, dass der

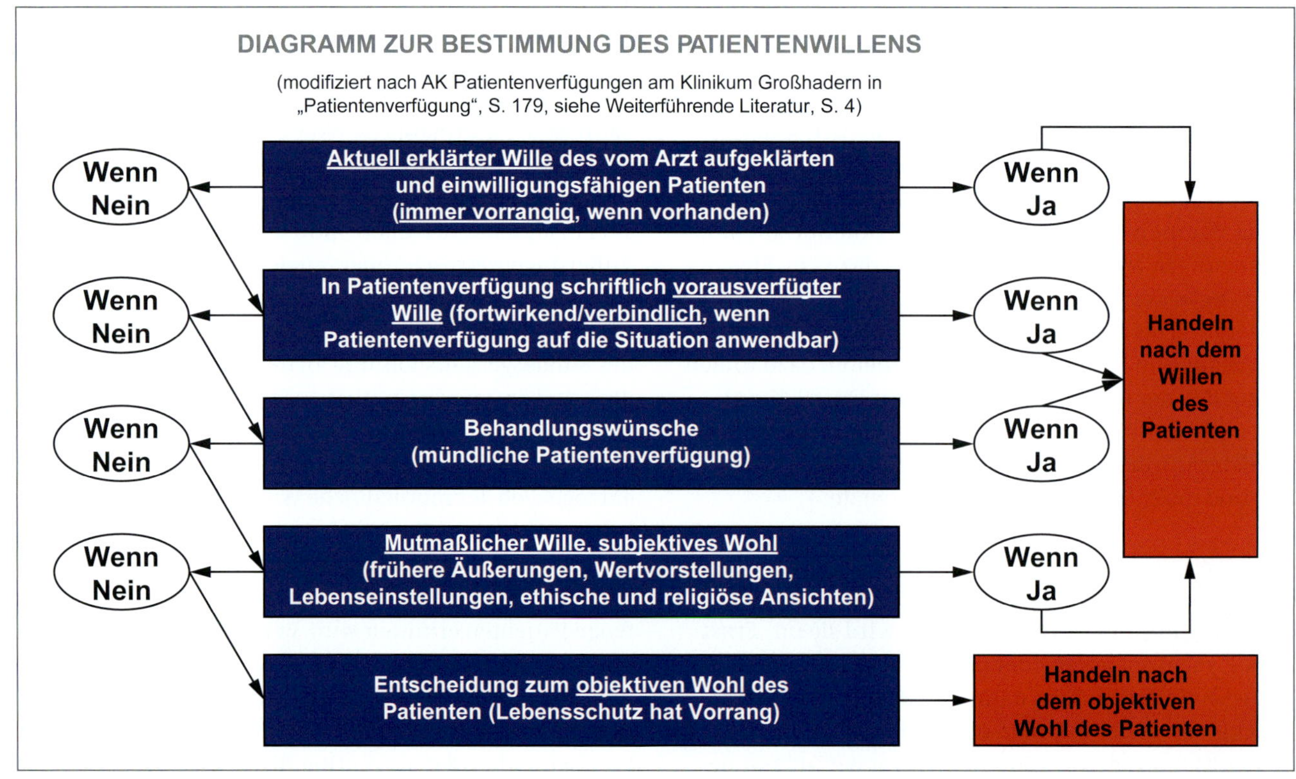

betroffene Patient anderweitig ärztlich oder pflegerisch seinem Willen gemäß gut behandelt wird.

Auch wenn aktuell geäußerter Wille, schriftlich vorausverfügter Wille, Behandlungswünsche (mündliche Patientenverfügung) und mutmaßlicher Wille in gleicher Weise Maßstab für ärztliches Handeln bzw. die Entscheidungen eines Vertreters sind, so gibt es doch einen beachtlichen Unterschied: Sind Behandlungswünsche geäußert worden, dann sind sie maßgeblicher als der mutmaßliche Wille. Liegt eine schriftliche Patientenverfügung vor, dann hat sie Vorrang vor früher mündlich geäußerten Behandlungswünschen. Kann sich der Betroffene selbst äußern und entscheiden, dann hat natürlich diese mündliche Willensmitteilung Vorrang vor der schriftlichen Patientenverfügung. Diese „Hierarchie" der Willensäußerungen zeigt das Schema unten.

## 3. Formen der Sterbehilfe

Mit dem Begriff „Sterbehilfe" werden in Deutschland ganz verschiedene Handlungen bezeichnet, die teilweise verboten, teilweise erlaubt sind. Das Töten eines anderen Menschen auf dessen Wunsch hin wird ebenso als „Sterbehilfe" bezeichnet wie der Verzicht auf lebenserhaltende Maßnahmen gemäß Patientenwunsch. Deshalb ist dieser Begriff sehr irreführend. So kann man in der Öffentlichkeit Sätze hören wie „Ich bin gegen Sterbehilfe" – „Ich bin für Sterbehilfe" – ohne ihn inhaltlich zu präzisieren. Der Nationale Ethikrat, der 66. Deutsche Juristentag und andere haben in den vergangenen Jahren angeregt, anstelle des Begriffs „Sterbehilfe" andere Bezeichnungen zu wählen. Im Folgenden werden die Formulierungsvorschläge des 66. Deutschen Juristentags 2006 (und in Klammern die bisherigen Bezeichnungen) verwendet:

### a) Tötung auf Verlangen („Aktive Sterbehilfe")

In den Beneluxländern haben Patienten schon seit 1991 das Recht, bei unerträglichen körperlichen und auch psychischen Leiden von ihrem Arzt durch ein starkes Gift getötet zu werden. Diese in Holland, Belgien und Luxemburg legalisierte Handlung ist in Deutschland verboten und wird strafrechtlich (§ 216 StGB) verfolgt.

### b) Leidenslinderung mit möglicher Lebensverkürzung („Indirekte (aktive) Sterbehilfe")

Damit ist gemeint, dass die Gabe leidlindernder Medikamente (Schmerzmittel, Beruhigungsmittel) unbeabsichtigt einen vorzeitigen Tod zur Folge haben könnte. Das ist in Deutschland erlaubt, sofern sich der Patient oder sein Vertreter damit einverstanden erklärt. Dank den Fortschritten der leidmindernden Medizin (Palliativmedizin, siehe Begriffserklärung, S. 4 f.) ist allerdings – von seltenen Ausnahmen abgesehen – davon auszugehen, dass eine kunstgerecht durchgeführte lindernde Therapie eher zu einer (geringfügigen) Lebensverlängerung bei verbesserter Lebensqualität führt.

### c) Unterlassen, Begrenzen oder Beenden lebenserhaltender medizinischer Maßnahmen („Passive Sterbehilfe")

Auch diese Form der sogenannten Sterbehilfe ist straffrei und erlaubt, wenn die Betroffenen dies wünschen. Dies gilt nicht nur für weit fortgeschrittene Krankheiten, bei denen der Eintritt des Todes absehbar ist, sondern für alle Arten und Stadien von Erkrankungen.

→ **PROBLEME**

> Es wird immer wieder behauptet, dass es eigentlich keinen Unterschied zwischen der verbotenen „aktiven Sterbehilfe" auf der einen Seite und der erlaubten „passiven" und „indirekten (aktiven) Sterbehilfe" auf der anderen Seite gäbe oder dass die Grenzen zwischen ihnen so fließend seien, dass eine Unterscheidung nicht gerechtfertigt sei. Dabei sind freilich grundlegende Unterschiede zu benennen:

Bei der **Tötung auf Verlangen** wird ein direkt zum Tode führendes Gift in hoher Dosis verabreicht, Der Betroffene wird innerhalb kurzer Zeit mit Sicherheit daran sterben.

**Leidenslinderung bei Gefahr der Lebensverkürzung:** Hier werden leidlindernde Medikamente wie Schmerzmittel oder Beruhigungsmittel verabreicht, um die leidvollen Symptome zu beseitigen oder zu lindern. Eine Lebensverkürzung wird dabei nicht beabsichtigt. Oftmals geht es den Patienten vorübergehend sogar besser. Das Ziel ist also die Verbesserung der Lebensqualität durch Kontrolle von Leidenssymptomen.

**Unterlassen, Begrenzen oder Beenden lebenserhaltender Maßnahmen:** Hier wird – gemäß dem Patientenwunsch oder bei nicht mehr zielführender (lebenserhaltender) Therapie – auf den weiteren Erhalt des Lebens verzichtet, und das Sterben wird zugelassen. Das bedeutet nicht, dass für den Patienten nichts mehr getan wird. Im Gegenteil erfordern die dann angezeigten lindernden medizinischen und pflegerischen Maßnahmen viel Zuwendung. Beim Verzicht auf künstliche Beatmung, z. B. bei der schwersten Form einer Coronainfektion, kann der Tod schnell eintreten (wobei zur Vermeidung von Atemnot und Angst vorsorglich starke Schmerz- und Schlafmittel injiziert werden müssen). Er ist dann aber nicht Folge der Anwendung oder der Unterlassung einer medizinischen Maßnahme, sondern Folge der tödlichen Erkrankung, an der der Patient nicht länger leiden möchte. Mehrere Wochen kann das Sterben dauern, wenn eine lebenserhaltende Therapie wie die künstliche Ernährung oder eine Dialyse beendet wird. Manchmal kommt es hier auch zu einer, freilich kurzzeitigen, Erholung.

## d) Teilnahme am Suizid („assistierter Suizid", „Beihilfe zu Selbsttötung")

Die Selbsttötung ist in Deutschland kein Straftatbestand, und der Selbsttötungsversuch wird nicht strafrechtlich verfolgt. Demzufolge war auch die **Beihilfe zur Selbsttötung** in Deutschland keine Straftat. 2015 hatte jedoch der Deutsche Bundestag gesetzlich festgelegt (§ 217 StGB), dass die geschäftsmäßige Beihilfe zur Selbsttötung einschließlich der Vermittlung einer solchen Handlung zukünftig eine Straftat sei. Die ärztliche Beihilfe zum Suizid, aber auch die notwendige medizinische Hilfe beim Sterben wären damit für jeden Arzt gleichermaßen riskante Unterfangen geworden. Das u. a. von Palliativärzten angerufene Bundesverfassungsgericht legte dagegen 2020 fest, dass auch der Suizid ein Grundrecht sei, und dass dafür die freiwillige Hilfe von Dritten, auch Ärzten, in Anspruch genommen werden könne. Das höchste deutsche Gericht erklärte den § 217 StGB damit für nicht verfassungskonform und als von Beginn an nichtig. Es forderte den Gesetzgeber auf, sein eigenes Regelungskonzept (u. a. psychiatrische Gutachtenpflicht, Änderungen des Arzt- und Arzneimittelrechts) für eine neue Regelung zu erstellen.

Überdies hat der BGH mit einem Urteil vom August 2022 in einem Fall des Suizidversuchs mit großen Mengen oral eingenommener Medikamente und zusätzlicher Injektion einer tödlichen Insulinmenge durch eine Angehörige auf die ausdrückliche Bitte des Suizidenten den Tatbestand der Tötung auf Verlangen verneint. In seiner Urteilsbegründung betont der Senat die weiter bestehende Tatherrschaft des Sterbewilligen, die durch die Injektion der Angehörigen nicht unterbrochen worden sei. Er beruft sich dabei auch auf das oben zitierte Urteil des BVerfG von 2020 und relativiert den Vorwurf der Tötung auf Verlangen in den Fällen, in denen der Sterbewillige seinen selbstbestimmten Tod nur mit der direkten Hilfe eines anderen umsetzen könne.

In der **Schweiz** ist seit Jahrzehnten die Beihilfe zum Suizid in diesem Sinne geregelt. In der Folge hat sich ein gewisser Sterbetourismus in die Schweiz entwickelt mit dem Ziel, das Angebot Schweizer Organisationen, die Beihilfe zur Selbsttötung anbieten (z. B. „Exit" oder „Dignitas"), in Anspruch zu nehmen.

## e) Freiwilliger Verzicht auf Nahrung und Flüssigkeit (FVNF, „Sterbefasten")

In allen Kulturen haben seit langer Zeit alte Menschen bewusst entschieden, Essen und Trinken einzustellen, um zu sterben. Damit kann auch in unserer Zeit diese Entscheidung nicht als Behandlungsabbruch bezeichnet werden, sondern ausdrücklich als **Tod durch Unterlassen.** Beim „Sterbefasten" tritt nach eigenen Tagen ein zunehmendes Versagen lebenswichtiger Organe, vor allem der Niere auf. Dies ist aber keine eigene Erkrankung, sondern die Folge der Nahrungs- und Flüssigkeitseinstellung. Damit handelt es sich nicht um eine eigenständige Form der bewussten und freiwilligen Lebensbeendigung, sondern ebenfalls um einen **Suizid.** Diesen Menschen steht bei Leidenssymptomen wie Unruhe, Liegeschmerz oder Krämpfen eine symptomgerechte palliative Begleitung und Versorgung zu.

→ **RECHTLICHE SITUATION**

Unternimmt ein Mensch einen Selbsttötungsversuch, dann hat der Arzt, der ihn noch lebend vorfindet, keine Pflicht zur Lebensrettung mehr, wenn er den freien und wohlerwogenen Sterbewillen des

Betreffenden sicher kennt. Er ist hingegen verpflichtet, lebensrettend einzugreifen, wenn begründete Zweifel an der Ernsthaftigkeit des Suizids oder der Verdacht eines Irrtums vorliegen. Die sog. Garantenpflicht für das Leben trifft den Arzt also nur, wenn der „wahre Wille" des insoweit nicht einsichtsfähigen Suizidenten – mindestens im Zweifel – sein Lebenswille ist. Eine Rechtspflicht des Arztes kann niemals gegen den sicher freien Patientenwillen gerichtet sein, der ein Weiterleben ablehnt. Das gilt hier ebenso wie bei Behandlungsverboten in einer Patientenverfügung.

→ **HINWEIS**

Zwischen der Teilnahme an einer Selbsttötung und der Tötung auf Verlangen gibt es eine klare Grenze: Bei der assistierten Selbsttötung liegen die letzte Verantwortung und das letzte Handeln immer beim Betroffenen: Er muss z. B. das Gift persönlich einnehmen. Er öffnet gegebenenfalls auch die von einem Helfer angelegte tödliche Infusion. Bei der Tötung auf Verlangen aber handelt zuletzt eine dritte Person: Sie allein verabreicht die tödliche Injektion. Das BGH-Urteil vom August 2022 (s. o.) muss hier vorerst noch zurückhaltend angewendet werden.

# 2 Grundsätze ärztlichen Handelns am Lebensende

*Ärztliches Handeln orientiert sich zunächst an den* ***Symptomen*** *(Krankheitszeichen), über die ein Patient klagt und die ihn zum Arzt führen. Der Arzt fragt, beobachtet und führt Untersuchungen durch, um die richtige* ***Diagnose*** *zu stellen und dann die individuelle Behandlung vorzunehmen. Darüber hinaus sollte er die Person des Betroffenen mit all ihren Ängsten und Hoffnungen, Wünschen und Befürchtungen respektieren. Zum Handwerkszeug des Arztes gehört die Fähigkeit, die richtige* ***Indikation*** *für Untersuchungen und Behandlungen zu stellen und zusammen mit dem Patienten* ***Therapieziele*** *festzulegen. Er muss dabei den aktuellen Stand der medizinischen Forschung kennen, muss die Rechtslage und standesrechtliche Regeln beachten und er sollte sein Handeln an den wichtigsten medizinethischen Leitwerten ausrichten. Außerdem hat er die eigene ärztliche Erfahrung, die erlernten handwerklichen Fähigkeiten und sein persönliches ärztliches Gewissen einzubringen.*

## 1. Die medizinische Indikation

Unter Indikation versteht man zunächst die „Gesamtheit der Umstände und Gründe, die unter Abwägung von Nutzen und Risiko bei einem bestimmten Krankheitsfall die Anwendung einer bestimmten diagnostischen Methode oder ärztlichen Behandlungsweise sinnvoll oder zwingend erforderlich erscheinen lässt" (Brockhaus Enzyklopädie, 19. Auflage 1989/2009). Das soll aber immer in Bezug auf den konkreten Einzelfall geschehen. Das heißt, dass beispielsweise das Alter, Begleiterkrankungen, die krankheitsbedingte Lebenserwartung und das Maß leidvoller Krankheitszeichen (Symptome) zu berücksichtigen sind. Dabei ist zu prüfen, welchen Nutzen oder welchen Schaden der Betroffene von den geplanten Maßnahmen zu erwarten hat. Im Patientenverfügungsgesetz wird das so formuliert: „Der behandelnde Arzt prüft, welche ärztliche Maßnahme im Hinblick auf den Gesamtzustand und die Prognose *(Heilungsaussicht, Lebenserwartung)* des Patienten indiziert ist." Somit hat ausschließlich der Arzt die Verantwortung für die Indikation zu übernehmen. Gleichzeitig ist aber auch gesetzlich geregelt, dass die medizinische Indikation nie etwas Abstraktes ist, das auf alle vergleichbaren Krankheitssituationen – unabhängig von der konkreten Situation – automatisch angewendet werden kann. Vielmehr muss sich die medizinische Indikation am **Gesamtzustand und der Prognose eines Patienten** in einer bestimmten Lebenssituation ausrichten. Unter Gesamtzustand ist nicht nur das körperliche Leiden des Kranken zu verstehen, sondern auch das seelische Befinden, sein soziales Umfeld und seine ethischen oder religiösen Einstellungen und Fragen. Dieses festzustellen kann aufwändig sein. Ist der Betroffene alt oder jung, hat er keine weiteren Begleitkrankheiten oder leidet er gleichzeitig an verschiedenen weit fortgeschrittenen Krankheiten? Hat er Schmerzen oder andere leidvolle Symptome? Ist er hart im Nehmen oder empfindlich? Lebt er isoliert und vereinsamt oder in einer Großfamilie? Hat er Freunde, die ihn unterstützen oder ist er auf sich selbst angewiesen? Hat er noch Ziele oder hat er alles Interesse verloren? Treiben ihn auch Fragen nach dem Sinn des eigenen Lebens um? Solche und weitere Fragen müssen mitunter gestellt werden, um den „Gesamtzustand" des Betroffenen zu erfassen.

In **Notfallsituationen** muss direkt gehandelt werden. Bei einem Herz-Kreislauf-Stillstand beispielsweise sind in der Regel unverzüglich Wiederbelebungsmaßnahmen einzuleiten. Der Arzt kann aber auch darauf verzichten, wenn er keine sinnvolle Indikation mehr darin sieht, etwa bei einem finalen Krebspatienten oder bei einem Schlaganfallpatienten mit sehr schlechter Lebenserwartung. Ist eine Notfallsituation beherrscht, ist die Indikation für eine weitere Behandlung am jeweiligen Gesamtzustand des Patienten auszurichten.

**→ HINWEIS**

Die medizinische Indikation ist das fachliche Urteil über Wert oder Unwert einer medizinischen Behandlungsmethode in ihrer Anwendung auf den konkreten Einzelfall (BGH-Beschluss von 2003).

Wenn **keine medizinische Indikation** gegeben ist, darf eine geplante Untersuchung oder Behandlung auch nicht durchgeführt werden. Dann stellt sich auch nicht die Frage nach juristischen oder ethischen Entscheidungskriterien und auch nicht nach dem Patientenwillen. Dieses Prinzip hat große Bedeutung bei Palliativpatienten und Sterbenden.

**→ PROBLEME**

Allerdings kann es immer wieder Streit unter den Fachleuten darüber geben, was in bestimmten Krankheitssituationen indiziert oder nicht indiziert ist. Im unmittelbaren Sterbeprozess, wenn der Eintritt des Todes in den nächsten 24–48 Stunden zu erwarten ist, gibt es keine Indikation für Untersuchungen (Diagnostik) oder lebenserhaltende Maßnahmen. Trotzdem werden immer wieder aufwändige, den Patienten belastende Untersuchungen oder sinnlose Behandlungen durchgeführt.

Eine besonders schwerwiegende Krankheitssituation betrifft die weit fortgeschrittene Demenz kurz vor dem Lebensende: (siehe Begriffsklärung, S. 4 f.). Patienten mit einer Demenz im Endstadium, die schon längere Zeit bettlägerig und voll pflegebedürftig sind, stellen nach und nach Essen und Trinken ein, da sie kein Hunger- und Durstgefühl mehr haben. Die Mehrzahl der medizinischen Forschungsergebnisse hat gezeigt, dass solche Patienten mit Hilfe einer künstlichen Ernährung, z. B.

über eine Nährsonde, weder länger leben noch sich erholen. Bei der Demenz im Endstadium ist daher nur in Ausnahmefällen eine Indikation für das Anlegen einer Magensonde gegeben (PEG, siehe Begriffserklärung, S. 4 f.). Trotzdem werden derartige Eingriffe aus verschiedenen Motiven immer noch zu häufig durchgeführt.

→ **HINWEIS**

Im Endstadium der Demenz gibt es keine wissenschaftlich fundierte Indikation für das Anlegen einer Magensonde zwecks Durchführung einer künstlichen Ernährung.

Natürlich gibt es manche Situationen, die immer wieder zu Konflikten führen. Vor allem wenn die Betroffenen nicht mehr entscheidungsfähig sind und andere für sie zu entscheiden haben. Ist z. B. eine Dialyse („künstliche Niere") bei Patienten mit mittelschwerer Demenz indiziert? Soll man solche Patienten wiederbeleben? Soll bei einem dauernd bettlägerigen dementen Patienten mit grenzwertig langsamem Puls ein Schrittmacher implantiert werden? Sind Organtransplantationen bei dementen Patienten aus medizinischer Sicht sinnvoll? In derartigen strittigen Situationen ist häufig der Wille der Betroffenen maßgeblich. Sind sie nicht mehr entscheidungsfähig, dann müssen der vorausverfügte Wille (in Form einer schriftlichen Patientenverfügung), früher geäußerte Behandlungswünsche (mündliche Patientenverfügung) oder der zu ermittelnde mutmaßliche Wille Maßstab für alle Entscheidungen sein.

→ **HINWEIS**

Ist die medizinische Indikation nicht klar oder bestehen Meinungsverschiedenheiten, dann ist es notwendig, eine zweite oder weitere ärztliche Meinung im Sinne des Patienten einzuholen. Das ist sinnvoller als sofort das Betreuungsgericht anzurufen.

## 2. Das Therapieziel

Vor der Indikationsstellung für bestimmte diagnostische oder therapeutische Maßnahmen muss das Therapieziel geklärt sein. Es muss vom Arzt und dem Patienten gemeinsam besprochen und festgelegt werden. Dabei hat das letzte Wort der Patient. Bei nicht entscheidungsfähigen Patienten wird das Therapieziel gemeinsam vom Arzt und vom Vertreter des Patienten ermittelt.

Ärztliche **Therapieziele** sind: Vorbeugung (Prävention), Heilung (Kuration), Wiederherstellung von Fähigkeiten und Körperfunktionen (Rehabilitation), Symptomkontrolle, Leidlinderung, Lebenserhaltung oder Sterbebegleitung. Zur **Vorbeugung** zählen z. B. Impfungen, oder die Gabe gerinnungshemmender Mittel zur Vermeidung von Schlaganfällen. Eine **Heilung** wird z. B. durch die Operation einer Blinddarmentzündung oder die Gabe von Antibiotika zur Therapie einer Lungenentzündung erreicht. Eine **Symptomkontrolle** z. B. des Bluthochdrucks wird durch die konsequente Gabe von Blutdrucksenkern erreicht, auch wenn dies keine Heilung bedeutet. So können Folgeerkrankungen verhindert oder um Jahre hinausgeschoben werden. Eine **Leidlinderung** wird z. B. bei starken Tumorschmerzen durch Morphin erreicht.

Am Ende eines schweren Leidens stellt sich oft die Frage, ob die **Lebensverlängerung** das ausschließliche Therapieziel sein soll **oder** nicht vielmehr die Verbesserung der **Lebensqualität** unter Verzicht auf ein Leben, das mehr und mehr zum Leiden geworden ist. Die Grundsätze der Bundesärztekammer sprechen dann von einer Änderung des Therapieziels („Therapiezieländerung"), wenn auf heilende oder lebensverlängernde Maßnahmen verzichtet werden soll zugunsten einer bewussten Leidlinderung, also einer **palliativen Versorgung.** Meist vollzieht sich diese Änderung nicht plötzlich, es handelt sich vielmehr um einen längerfristigen Prozess: Leid mindernde Maßnahmen werden bei allen chronischen Krankheiten eingesetzt, die meist nicht heilbar, sondern nur erleichtert werden können. Bei tödlichen Erkrankungen wie Krebs ist dies besonders wichtig. In diesen Fällen werden lebenserhaltende Maßnahmen nicht immer eingesetzt: Auf Grund einer schlechten Prognose wird u. a. auf Organtransplantation oder Wiederbelebung verzichtet, beim Fortschreiten der tödlichen Erkrankung auch auf den Einsatz der künstlichen Niere oder der künstlichen Beatmung, später auf die Gabe von Antibiotika, zuletzt auf künstliche Nahrungs- und Flüssigkeitszufuhr. Die künstliche Zufuhr von Flüssigkeit ist nach einem solchen Therapiezielwechsel nur angezeigt, wenn sie **zur Linderung notwendig** erscheint.

→ **HINWEIS**

Therapieziele werden vom Arzt und Patienten oder vom Arzt und Vertreter des Patienten gemeinsam festgelegt, wenn der Patient nicht mehr entscheidungsfähig ist. Die Indikation für Einzelmaßnahmen orientiert sich am Therapieziel.

Ist ein Patient nicht entscheidungsfähig und soll über Einsatz oder Verzicht von lebenserhaltenden Maßnahmen bei ihm entschieden werden, dann sollte der Arzt zusammen mit dem Vertreter **gemeinsam den Willen des Patienten** klären. Liegt eine schriftliche Patientenverfügung vor, gestaltet sich diese Klärung vergleichsweise einfach. Liegt keine vor, dann muss festgestellt werden, ob früher Behandlungswünsche mündlich geäußert wurden (mündliche Patientenverfügung), oder es muss der mutmaßliche Patientenwille ermittelt werden. An diesem Willen orientieren sich das Therapieziel und sich daraus ergebende Einzelmaßnahmen, die von Arzt festgelegt und vom Vertreter im Sinne des Patienten entschieden werden (siehe 3. Kapitel).

In dringenden **Situationen** wird die Sache komplizierter: Liegt keine Vollmacht bzw. Betreuung vor und muss schnell entschieden werden, dann sollten Arzt und Angehörige versuchen, gemäß dem mutmaßlichen Patientenwillen oder gemäß der Patientenverfügung zu handeln. Wenn Eile geboten ist (z. B. im Rahmen einer Wiederbelebung), bleibt keine Zeit für längere Gespräche. Dann muss der Arzt schnell handeln und häufig **zunächst lebensverlängernde Maßnahmen** einleiten. Auch wenn es zwischen Arzt und Angehörigen Meinungsverschiedenheiten über die Auslegung der Patientenverfügung oder über den anzunehmenden mutmaßlichen Patientenwillen geben sollte, ist zunächst Lebenserhalt angesagt. Es sollte dann umgehend eine (vorläufige) Betreuung eingerichtet werden, sofern kein Bevollmächtigter benannt ist. Danach kann in Ruhe so verfahren werden, wie bereits oben beschrieben.

Gibt es keinen Bevollmächtigten, dann muss nicht in jedem Fall eine Betreuung eingerichtet werden. Ist etwa bei nicht entscheidungsfähigen Patienten der Todeszeitpunkt absehbar oder ist damit zu rechnen, dass die Entscheidungsunfähigkeit nur vorübergehend ist, können Arzt und Angehörige gemeinsam Entscheidungen treffen, die dem Patientenwillen entsprechen. Das gilt besonders beim Vorliegen einer Patientenverfügung, die in der eingetretenen Situation zutrifft.

→ **PROBLEME**

Mitunter empfehlen Ärzte ihren Patienten bei Versagen der Standardtherapie weitere nicht standardisierte Maßnahmen, ohne sie ausreichend über die geringe Heilungschance und mögliche gefährliche Risiken aufzuklären. Gerade bei alternativen Krebstherapien wird damit Patienten oftmals eine falsche Hoffnung gemacht, die sie in tiefe Enttäuschung stürzt.

Wenn der Stellvertreter des Patienten und der behandelnde Arzt sich nicht über den Willen des Patienten und das Therapieziel einigen können, haben beide die Möglichkeit, das Betreuungsgericht anzurufen. Das Gericht ist dann ebenfalls gehalten, eine Entscheidung zu fällen, die dem mutmaßlichen Patientenwillen entspricht.

→ **HINWEIS**

Patient oder Vertreter sollten Ärzte immer nach dem Therapieziel fragen, wenn ihnen bestimmte Maßnahmen empfohlen werden. Bei der Auslegung der Patientenverfügung oder der Ermittlung des mutmaßlichen Patientenwillens soll der Vertreter andere wichtige Bezugspersonen von sich aus am Gespräch mit dem behandelnden Arzt beteiligen. Ein „Rundes Tisch-Gespräch“ verbessert die Chance auf eine Einigung; der Weg zum Gericht kann oftmals unterbleiben.

## 3. Standesrechtliche Regeln

### a) „Grundsätze zur ärztlichen Sterbebegleitung“

Die Bundesärztekammer, Vertretung und Sprachrohr aller Ärzte in Deutschland, hat 1998 die „Grundsätze zur ärztlichen Sterbebegleitung“ veröffentlicht, die viel Beachtung gefunden haben und die auch von Juristen immer wieder als wichtige Entscheidungshilfen für Ärzte zitiert werden. 2004 und 2011 wurden sie überarbeitet (siehe weiterführende Literatur, S. 4).

In der Präambel dieser Grundsätze wird darauf hingewiesen, dass der Beistand von Sterbenden bis zum Tod zu den Aufgaben des Arztes gehört und dass die ärztliche Verpflichtung zur Lebenserhaltung nicht unter allen Umständen besteht. Allerdings hat der Arzt in jedem Fall für eine **„Basisbetreuung“** zu sorgen. „Dazu gehören u. a.: menschenwürdige Unterbringung, Zuwendung, Körperpflege, Lindern von Schmerzen, Atemnot und Übelkeit sowie Stillen von Hunger und Durst (als subjektive Empfindungen)“. Die Hilfe bei Sterbenden besteht in lindernder (palliativer) Versorgung. „Dazu gehören nicht immer Nahrungs- und Flüssigkeitszufuhr, da sie für Sterbende eine schwere Belastung darstellen können.“ Sterben darf „durch Unterlassen, Begrenzen oder Beenden einer begonnenen medizinischen Behandlung ermöglicht werden, wenn dies dem Willen des Patienten entspricht. Dies gilt auch für künstliche Nahrungs- und Flüssigkeitszufuhr“. Patienten mit schwersten Gehirnschädigungen und anhaltender Bewusstlosigkeit haben – wie jeder andere Patient – das Recht auf Behandlung, Pflege und Zuwendung. Auch die Unterrichtung des Sterbenden über seinen Zustand und mögliche Maßnahmen muss wahrheitsgemäß sein, sie soll sich aber an der Situation des Sterbenden orientieren und vorhandenen Ängsten Rechnung tragen. Schließlich gehört das Gespräch mit Angehörigen zu den Aufgaben des Arztes, wenn dies dem Willen des Patienten entspricht.

Die Entscheidung über Einleitung, Fortsetzung oder Beendigung ärztlicher Maßnahmen „wird in einem gemeinsamen Entscheidungsprozess von Arzt und Patient bzw. Patientenvertreter getroffen. Das Behandlungsziel, die Indikation der daraus abgeleiteten Maßnahmen, die Frage der Einwilligungsfähigkeit des Patienten und der maßgebliche Patientenwille müssen daher im Gespräch zwischen Arzt und Patient bzw. Patientenvertreter erörtert werden.“ Der Arzt und der Vertreter haben stets den Patientenwillen zu achten. Bei der Ermittlung des Patientenwillens sollen sie aber auch andere Angehörige und sonstige Vertrauenspersonen einbeziehen (Näheres siehe 3. Kapitel).

→ **HINWEIS**

Ärztliche Maßnahmen, z. B. die künstliche Ernährung, dürfen nicht gegen oder ohne den erklärten, vorausverfügten oder mutmaßlichen Willen des Patienten durchgeführt werden.

### b) Grundlinien der Reform des Betreuungsrechts ab 2023

Die Erfahrungen mit dem neuen Betreuungsrecht von 1992 brachten in vielen Bereichen bereits die größere Berücksichtigung des Willens betreuter Personen. Vor allem behielten Betreute weiterhin ihre Geschäftsfähigkeit, wenn nicht ein Einwilligungsvorbehalt angeordnet worden war. Darüber hinaus betonte das sog. Patientenverfügungsgesetz von 2009 den mutmaßlichen und den schriftlich verfassten Patientenwillen.

Die erneute Reform hat vor allem das Ziel, Wunsch und Willen betreuter Personen stärker zu respektieren. So haben Betreuer*innen jetzt die Pflicht, Menschen bei selbstbestimmten Entscheidungen zu unterstützen. Deren eigener Wunsch und Wille sollen im Mittelpunkt stehen, weshalb stellvertretende Entscheidungen nur die Ausnahme sein sollen. Zuvor soll auch geklärt sein, in welchen Bereichen der Betreute unterstützt werden muss. Entscheidungen für nicht mehr zustimmungsfähige Menschen müssen sich an deren mutmaßlichen Willen orientieren und nicht mehr danach, was „zu ihrem Wohle“ wäre.

Betreute sollen auch viel mehr Mitsprache erhalten, z. B. bei der Wahl ihres Betreuers. Sie sollen auch Anspruch auf regelmäßigen Kontakt „in Augenhöhe“ zu ihrem Betreuer haben und mehr.

### c) Umgang mit Vorsorgevollmacht und Patientenverfügung in der ärztlichen Praxis

In den Jahren 2007 und 2013 hat die Bundesärztekammer gemeinsam mit ihrer Zentralen Ethikkommission „Empfehlungen zum Umgang mit Vorsorgevollmacht und Patientenverfügung in der ärztlichen Praxis“ erarbeitet (siehe weiterführende Literatur, S. 4). Darin werden Ärzte detailliert informiert und auf ihre diesbezüglichen Aufgaben hingewiesen. Insbesondere werden sie aufgefordert, mit ihren Patienten über die Abfassung einer Vorsorgevollmacht und einer Patientenverfügung zu sprechen. Der Dialog kann dazu beitragen, dass der Arzt, insbesondere der Hausarzt, ein differenziertes Bild vom Willen des Patienten erhält. Diesem Willen kann er dann besser Geltung verschaffen, wenn in der Vollmacht oder Patientenverfügung der Verweis auf die erfolgte fachliche Information und den Berater festgehalten ist. Den mutmaßlichen Willen des Patienten zu erforschen bedeutet, nach bestem Wissen und Gewissen zu beurteilen, was der Patient für sich selbst in bestimmten Situationen entscheiden würde, wenn er es könnte. „Der mutmaßliche Wille ist aufgrund konkreter Anhaltspunkte zu ermitteln. Dabei sind alle verfügbaren Informationen über den Patienten zu berücksichtigen, insbesondere frühere mündliche oder schriftliche Äußerungen, ethische oder religiöse Überzeugungen und sonstige persönliche Wertvorstellungen" (Näheres siehe 3. Kapitel).

→ **HINWEIS**

- Ärzte sollen Patienten bei der Abfassung einer Patientenverfügung beraten.
- Sie sollen bei der Anwendung von Patientenverfügungen das Gespräch mit dem Vertreter suchen.
- Sie sollen beim Fehlen von Patientenverfügungen zusammen mit den wichtigsten Bezugspersonen Behandlungswünsche bzw. den mutmaßlichen Patientenwillen ermitteln.

Sowohl die Grundsätze zur ärztlichen Sterbebegleitung als auch die Empfehlungen im Umgang mit Vorsorgevollmacht und Patientenverfügung stimmen mit der gültigen Rechtslage überein und ergänzen sie in bestimmten Einzelheiten bezüglich des ärztlichen Handelns.

→ **PROBLEME**

Leider kennen auch heute noch manche Ärzte weder die Grundsätze der Bundesärztekammer zur ärztlichen Sterbebegleitung noch die Empfehlungen zum Umgang mit Patientenverfügungen und Vorsorgevollmachten.

→ **HINWEIS**

Betreuer/Bevollmächtigte können sich diese Grundsätze und Empfehlungen der Bundesärztekammer besorgen und den jeweiligen Arzt darauf ansprechen (im Internet zu finden unter www.baek.de, Rubrik „Medizin und Ethik").

## 4. Medizinethische Leitwerte

Die wichtigsten medizinethischen Leitwerte sind der ärztliche Auftrag der Fürsorge für das Patientenwohl, der ärztliche Respekt vor der Eigenständigkeit und dem Selbstbestimmungsrecht des Einzelnen und das ärztliche Gebot der Gerechtigkeit. Diese Leitwerte sind alle dem Gebot der Respektierung der Menschenwürde untergeordnet. Denn die **Menschenwürde** gilt in Deutschland als das höchste von der Verfassung geschützte Gut. Sie gilt für Gesunde und Kranke, Reiche und Arme, Kirchgänger und Drogenabhängige, Sportler und Demenzkranke, Künstler und Wachkomapatienten, Politiker, Asylsuchende oder Behinderte in gleicher Weise. Jedem Menschenleben ist Würde zuzusprechen; und sei es noch so hilflos und geschunden. Doch schon darüber gehen in unserer Gesellschaft die Meinungen auseinander. So reden viele vom „würdelosen Dahinvegetieren" etwa in Pflegeheimen. Doch für Ärzte gilt: Unwürdiges menschliches Leben gibt es nicht. Aber: Unser Umgang, auch unser ärztlicher Umgang mit den Schwachen, Hilflosen, Sterbenden oder den Außenseitern unserer Gesellschaft, kann äußerst unwürdig für die Betroffenen sein.

### a) Die Menschenwürde

Darüber, was Menschenwürde letztlich ausmacht, kann man trefflich streiten. Für die einen ist die Selbstbestimmung der Kern der Menschenwürde schlechthin. Sie übersehen dabei, dass auch den Menschen, die nicht mehr zur Selbstbestimmung fähig sind oder die es nie waren, selbstverständlich Menschenwürde zukommt. Umgekehrt fordern andere eine Unterordnung des Selbstbestimmungsrechts unter das Fürsorgegebot in Situationen der Hilflosigkeit und des Ausgeliefertseins. Einige von ihnen gehen sogar so weit zu behaupten, dass Patientenverfügungen als Ausdruck des Selbstbestimmungsrechts das Fürsorgegebot des Arztes untergraben würden und deshalb abzulehnen seien.

Beide Positionen sind so nicht haltbar: Denn zum Kern der Menschenwürde gehören sowohl die Freiheit, Entscheidungen für und über sich zu treffen, z. B. in Form von Vorausverfügungen, als auch die Bedürftigkeit und das Angewiesensein auf die Fürsorge anderer.

Fürsorge, die sich nicht vorrangig an den Wünschen und am Willen der Betroffenen orientiert, verfehlt ihren Zweck und wird dann zur Fremdbestimmung. Umgekehrt wird Selbstbestimmung häufig erst durch Fürsorge möglich. So kann beispielsweise eine wirksame Schmerztherapie Voraussetzung für die wirksame Ausübung des Rechts auf Selbstbestimmung sein. Denn wer außer sich ist vor unsäglichen Schmerzen, ist zur Selbstbestimmung nicht in der Lage.

→ **HINWEIS**

Jedem menschlichen Leben kommt Würde zu, und sei es noch so hilflos und geschunden.

### b) Das ärztliche Fürsorgegebot

Das ärztliche Fürsorgegebot bedeutet, dem Patienten Gutes zu tun, ihm keinesfalls zu schaden und seinem Wohl gemäß zu handeln. Dazu können auch lebensrettende Maßnahmen gehören. Sie müssen es aber nicht, wenn durch sie nur schweres Leid oder gar der Sterbeprozess verlängert würden. Dass mit dem „Gutes tun" auch Schaden entstehen kann, ist den meisten Patienten bewusst. Denn gerade riskante Verfahren werden oft von erheblichen unangenehmen Nebenwirkungen begleitet. Deshalb muss in vielen Situationen gerade bei Schwerstkranken abgewogen werden, ob der Nutzen einer Therapie wirklich größer ist als ihr Schaden.

Jeder Mensch ist im Laufe seines Lebens auf Fürsorge anderer angewiesen. Das gilt immer für den Beginn des Lebens und häufig auch für das Ende des Lebens. Doch wohlgemeinte ärztliche Fürsorge wurde über Jahrhunderte „paternalistisch" praktiziert: Wie ein treusorgender Vater wusste der Arzt, was das Beste für den ihm anvertrauten Patienten sei, insbesondere in Situationen, in denen der Patient hinfällig, hilfsbedürftig oder nicht einwilligungsfähig wäre. Und dementsprechend wurde gehandelt. Heute besteht rechtlich zwischen Arzt und Patient ein Dienstvertrag. Im Alltag streben wir ein **„partnerschaftliches" Arzt-Patienten-Verhältnis** an, in dem Fürsorge weiterhin ihren Platz hat. Voraussetzung für eine partnerschaftliche Beziehung zwischen Arzt und Patient oder dessen Stellvertreter ist eine fachliche Beziehung, die vom **Gespräch in Augenhöhe** geprägt ist. Das setzt meist viel Zeit für **Kommunikation** voraus, die im heutigen Medizinbetrieb immer knapper wird. Beim Versuch, gemeinsam mit dem Patienten oder seinem Stellvertreter partnerschaftliche Entscheidungen zu treffen, müssen sich besonders Ärzte bewusst sein, dass die Wirklichkeit für den Arzt und die Wirklichkeit des Patienten sich in vielerlei Weise unterscheiden und von einem bedeutsamen Ungleichgewicht geprägt sind: Auf der Seite des Patienten oder auch seines Vertreters wird Ohnmacht, Ungewissheit, Ausgeliefertsein, Angst und dergleichen empfunden. Der Arzt auf der anderen Seite verfügt über Fachwissen und auch über Macht. Dabei soll er möglichst Zuversicht ausstrahlen. So ist es eine ständige Herausforderung, dieses Ungleichgewicht zu überbrücken und auszugleichen.

→ **PROBLEME**

Nicht alle Menschen wollen für sich selbst entscheiden. Sie überlassen zwar oftmals die Sorge und Verantwortung für das Gemeinwohl den Politikern oder vertrauen ihre Gesundheit dem Medizinbetrieb an, ohne Verantwortung für sich selbst zu übernehmen. Häufiger allerdings leiden Patienten oder auch ihre Stellvertreter unter der Bevormundung, wie mit ihnen selbst in schwerwiegenden Krankheitssituationen umgegangen wird. Sie wünschen sich Einfühlungsvermögen, Zeit für Gespräche und erhalten diese immer weniger in unserem im Prinzip nur nach wirtschaftlichen Erwägungen ausgerichteten Gesundheitswesen.

→ **HINWEIS**

Patienten oder ihre Vertreter haben das gesetzlich verankerte Recht auf Gespräche und dürfen diese auch einfordern. Wenn dies ohne Vorwürfe und im Verständnis für die Überlastung des Gesundheitspersonals vorgetragen wird, sind diese Gespräche für beide Seiten meistens erfolgreich. Denn auch die Helfer, also Arzt, Pflegekräfte und andere können einen Gewinn aus zunächst lästig erscheinenden Gesprächen und Begegnungen ziehen.

Für den Arzt bedeutet Fürsorge zunächst Vorbeugen, Heilen und Lindern, aber auch Begleiten und Trösten. Heilen im herkömmlichen Sinn gelingt heute eher selten. Denn bei der Mehrzahl der Kranken, den chronisch Kranken, ist eine solche Heilung nicht möglich. Bei ihnen geht es eher darum, dabei zu helfen, **mit** der Krankheit und **nicht gegen** sie leben zu lernen. Und wenn es um das Ende des Lebens geht, sollte ein ihnen gemäßes Sterben ermöglicht werden. Das erfordert seitens des Arztes viel Einfühlungsvermögen, viel Achtsamkeit, Behutsamkeit und Geduld. Die **hospizliche Sterbebegleitung** kann hier menschliche Unterstützung bieten, denn der moderne Medizinbetrieb hat für diese fürsorgliche Aufgabe keine Zeit.

Ein wichtiges Instrument ärztlicher Fürsorge ist die **Aufklärung** des Patienten oder seines Stellvertreters. „Eine einmalige Aufklärung ist meist keine Aufklärung". Denn Aufklärung ist ein Prozess wiederholter Gespräche, die es gerade bei lebensbedrohenden Erkrankungen dem Patienten ermöglichen, Schritt zu halten mit den unfassbaren Tatsachen und zu begreifen, was andere vor ihm schon gewusst haben. Aufzuklären ist über das Wie, Warum und das Wozu geplanter medizinischer Maßnahmen. Aufzuklären ist über die Natur der Krankheit, über Verlauf, Heilungsaussichten oder auch über nicht heilbare Krankheitszeichen, über Vorteile und Nachteile risikoreicher Therapieverfahren. Aufklärungsgespräche sollen im Klima der Wahrhaftigkeit erfolgen und in einem „geschützten Raum" stattfinden, in dem Bedenken, Gefühle und Ängste der Betroffenen Platz haben. Zeit zum Überdenken und Gesprächswiederholungen sollten selbstverständlich sein.

Zu der aufklärenden Fürsorge gehören auch Gespräche des Arztes mit dem Patienten beim Abfassen von Patientenverfügungen, auch Gespräche zwischen Arzt und Vertreter um die Anwendung der Patientenverfügung, wenn sich der Betroffene nicht mehr äußern kann. Gesprächsrunden zur Ermittlung des mutmaßlichen Patientenwillens sind ebenfalls Ausdruck ärztlicher Fürsorge.

**→ PROBLEME**

Ärzte reagieren nicht selten beleidigt, wenn kritische Fragen gestellt werden oder wenn der Wunsch nach Einholung einer Zweitmeinung geäußert wird. Auch Pflegende können ärgerlich reagieren, wenn sie von Patienten gefragt werden, wofür diese Tablette sei oder warum schon wieder eine Blutentnahme nötig sei. Weitere Schwierigkeiten treten auf, wenn Ärzte „fachchinesisch" über den Kopf des Patienten hinweg reden, wenn keine Möglichkeit zum Nachfragen besteht oder wenn die offenbarte „Wahrheit" nicht mit der vom Patienten gefühlten übereinstimmt.

**→ HINWEIS**

Gesprächstermine in Ruhe vereinbaren (nicht wenn Arzt oder Pflegekraft gerade in Eile sind) und um einen geeigneten Raum dafür bitten. Fragen an den Arzt ggf. schriftlich vorbereiten!

### c) Der ärztliche Respekt vor dem Selbstbestimmungsrecht

Der ärztliche Respekt vor dem Selbstbestimmungsrecht des Patienten hat als medizinethischer Leitwert in den letzten Jahrzehnten eine immer größere Bedeutung erlangt. Bei Patienten, die einwilligungsfähig sind, wird er in der Regel auch praktiziert. So bedarf **jeder Eingriff** in die körperliche Integrität der **Einwilligung** durch den Betroffenen, der zuvor angemessen aufgeklärt sein muss (siehe 1. Kapitel).

Leider werden mitunter auch entscheidungsfähige Patienten entmündigt, weil sie zu schwach sind, um sich zu wehren. Sie werden fremdbestimmt und zum Objekt der Entscheidungen Dritter gemacht. Wenn Patienten nicht mehr entscheidungsfähig sind, ist die Gefahr der Fremdbestimmung besonders groß. Deshalb haben auch viele Mitbürger Angst vor Krankheitssituationen, in denen sie eigene Entscheidungen nicht mehr treffen können. Viele von ihnen wollen an Entscheidungen über Beginn oder Nichtbeginn, über Fortsetzung oder Beendigung medizinischer Maßnahmen beteiligt werden. **Denn der Patient entscheidet!** Und er möchte eine wirksame Vorsorge für den Fall der eigenen Nichtentscheidungsfähigkeit treffen. Als Instrumente für eine derartige Vorsorge stehen Patientenverfügung und Vollmacht zur Verfügung, deren Verbindlichkeit gesetzlich festgeschrieben ist.

Wenngleich die meisten Mitbürger fest entschlossen sind, eine Patientenverfügung zu erstellen, schieben sie diesen Entschluss gerne vor sich her. Die Gründe dafür sind vielfältig. Den meisten Menschen fällt es natürlicherweise schwer, sich mit der eigenen Sterblichkeit und dem eigenen Lebensende auseinanderzusetzen. Sodann verunsichert die Bürger ein unüberschaubares Angebot von Formularen und widersprüchliche Ansichten, die in den Medien verbreitet werden. Auch die Tatsache, dass auch heute noch mancher Arzt Patientenverfügungen nicht beachtet, lässt viele Menschen daran zweifeln, ob ihre Patientenverfügung überhaupt anerkannt würde.

Liegt bei einem nicht einwilligungsfähigen Patienten keine schriftliche Patientenverfügung vor – was leider sehr oft der Fall ist – oder ist eine Patientenverfügung auf die eingetretene Situation nicht anwendbar oder es gibt Streit über die Auslegung der Verfügung, dann sollten Behandlungswünsche festgestellt bzw. der mutmaßliche Wille ermittelt werden. Dann muss gefragt werden: Wie würde der Betroffene in der aktuellen Situation entscheiden, wenn man ihn fragen könnte? Zur Klärung dieser Frage sind Menschen einzubinden, die den Betroffenen gut gekannt haben. Und man muss sich Zeit nehmen. (Näheres siehe 3. Kapitel)

Letztlich geht es bei der Ermittlung des mutmaßlichen Willens auch darum, welche Vorstellungen der Betreffende von seinem eigenen Wohl früher hatte und jetzt hätte, wenn man ihn fragen könnte. Denn das **Wohl des Patienten** sollte nach einem Beschluss des Bundesgerichtshofs vorrangig subjektiv – also **aus Sicht des Patienten** – verstanden werden. An diesem Punkt kann man vielleicht nicht mehr unterscheiden, ob das Prinzip „Fürsorge“ oder das Prinzip „Selbstbestimmung“ maßgeblich ist, denn hier gibt es fließende Übergänge. Ein Grund mehr, sie nicht gegenseitig auszuspielen.

→ **HINWEIS**

„Sterben hat seine Zeit“ Evangelische Kirche in Deutschland – Texte 80. (Näheres siehe S. 4)

Liegt nun bei einem nicht entscheidungsfähigen Patienten keine Patientenverfügung vor und lässt sich der mutmaßliche Wille nicht ermitteln, dann – erst dann – ist für Entscheidungen das objektive Patientenwohl maßgeblich. In dieser Situation muss zunächst abgewogen werden, ob Nutzen oder Schaden einer geplanten medizinischen Maßnahme überwiegen. Gibt es Zweifel, dann gilt der Grundsatz, dass der Lebensschutz und Lebenserhalt Vorrang haben (Näheres siehe 1. Kapitel).

→ **HINWEIS**

Respekt vor dem Selbstbestimmungsrecht und der Autonomie bedeutet, den erklärten, vorausverfügten und mutmaßlichen Willen des Patienten zum Maßstab ärztlichen Handelns zu machen.

### d) Das ärztliche Gebot der Gerechtigkeit

Das ärztliche Gebot der Gerechtigkeit bedeutet, dass jeder Patient gleich zu behandeln ist – unabhängig von Alter, von Religions- oder Staatszugehörigkeit, von Zahlungsfähigkeit oder Behinderung. Dieses Prinzip funktioniert nirgendwo auf der Welt, auch nicht in Europa. Aber auch innerhalb unseres eigenen Gesundheitssystems gibt es Ungleichheiten, die gegen dieses Prinzip verstoßen: Alte und Demente werden nachweislich schlechter mit Schmerzmitteln oder Antidepressiva versorgt, Migranten sind häufig auf freiwillige Gratisleistungen von Ärzten angewiesen und eine „Zweiklassenmedizin“ zeichnet sich zunehmend ab. Für Rheumakranke wird z. B. weniger geforscht als für Herzkranke, und die Unterschiede in der Pflegeheimversorgung sind manchmal eine Frage des Preises.

→ **HINWEIS**

Das ärztliche Gebot zum gerechten Handeln wird durch die bestehenden gesellschaftspolitischen und gesundheitspolitischen Rahmenbedingungen gefährdet.

Neben Indikation, Therapieziel, standesrechtlichen Regeln und medizinethischen Leitwerten muss der Arzt natürlich die aktuelle Rechtslage kennen und ihr gemäß handeln (siehe 1. Kapitel).

# 3 Die konkrete Ermittlung des Patientenwillens und des subjektiven Patientenwohls

*Ist ein Patient* ***nicht mehr dazu in der Lage,*** *in medizinische Maßnahmen einzuwilligen, dann hat sein Vertreter zu prüfen, ob die ihm vorliegende Patientenverfügung auf die aktuelle Lebens- und Behandlungssituation zutrifft. Ist dies der Fall,* ***dann hat er dem Willen des Patienten Ausdruck und Geltung zu verschaffen.*** *Liegt keine schriftliche Patientenverfügung vor oder trifft die Patientenverfügung nicht auf die bestehende Situation zu, dann hat der Vertreter die Behandlungswünsche des Betroffenen festzustellen oder seinen mutmaßlichen Willen zu ermitteln.*

Da bei nicht mehr einwilligungsfähigen Patienten in der aktuellen Situation nur in Ausnahmefällen „passende" Patientenverfügungen vorliegen, ist es meist notwendig, den mutmaßlichen Willen der Betroffenen zu ermitteln. In der Realität wird dieser allerdings nur sehr selten ermittelt. Die wichtigsten Gründe dafür sind die Angst der Beteiligten vor juristischen Konsequenzen, die Unkenntnis der Rechtslage oder der standesrechtlichen Regeln – und auch Zeitmangel. Das Instrument „mutmaßlicher Wille" wurde in der zurückliegenden öffentlichen Diskussion häufig als spekulatives Unterfangen in Frage gestellt und als „allenfalls gemutmaßter Wille" bezeichnet. Dabei hat sich dieser Begriff in zahlreichen rechtsbildenden Urteilen oder Beschlüssen des Bundesgerichtshofes eingebürgert, ebenso in den Grundsätzen der Bundesärztekammer zur ärztlichen Sterbebegleitung.

**→ HINWEIS**

Das Gesetz sieht vor: Liegt keine Patientenverfügung vor oder ist sie auf die eingetretene Situation nicht anwendbar, dann sind Behandlungswünsche festzustellen oder es soll der mutmaßliche Wille ermittelt werden. Zunächst ist es Aufgabe des Vertreters, die Behandlungswünsche oder den mutmaßlichen Patientenwillen festzustellen. Aufgabe des Arztes ist die Indikationsstellung im Hinblick auf den Gesamtzustand und die Prognose des Patienten. Beide, also Arzt und Vertreter, führen ein gemeinsames Gespräch darüber, ob die ärztlich indizierte Maßnahme dem Willen des Betroffenen entspricht. Dazu soll nahen Angehörigen und sonstigen Vertrauenspersonen des Betroffenen Gelegenheit zur Äußerung gegeben werden. Der mutmaßliche Wille ist aufgrund konkreter Anhaltspunkte zu ermitteln. Wichtig sind frühere Äußerungen des Betroffenen, seine Lebensphilosophie und Lebenshaltung, seine Wertvorstellungen und seine religiösen Anschauungen.

Es handelt sich bei der Ermittlung des mutmaßlichen Willens dementsprechend um mehr als nur um das Zusammentragen von früheren Äußerungen des Betroffenen. Es geht darüber hinaus um Lebenseinstellungen, Ängste, Wünsche und Hoffnungen. Das erfordert intensive Biographiearbeit, also Beschäftigung mit dem zurückliegenden Leben des Patienten. Letztlich geht es dabei um die Ermittlung des subjektiven ***Patientenwohls.***

## 1. Wer soll den Patientenwillen ermitteln?

Der behandelnde Arzt und der Vertreter des nicht entscheidungsfähigen Patienten müssen sich zusammensetzen, um gemeinsam über **Indikation, Therapieziel und Anwendbarkeit** einer vorliegenden schriftlichen Patientenverfügung zu sprechen. Ggf. sind Behandlungswünsche mutmaßlicher Wille und das subjektive Patientenwohl zu erörtern. Vorher hat der verantwortliche Arzt zu prüfen, ob bestimmte Untersuchungen und Therapiemaßnahmen) indiziert sind. In dieser Prüfung hat er den Gesamtzustand und die Prognose (Erfolgsaussicht, Lebenserwartung) zu berücksichtigen. Vor dem Gespräch ist der Vertreter gehalten, Behandlungswünsche oder den mutmaßlichen Willen festzustellen. Für das gemeinsame Gespräch am „runden Tisch" sollten sich Vertreter und Arzt Zeit nehmen. Häufig ist es sinnvoll und vom Gesetzgeber so vorgesehen, dass weitere wichtige Bezugspersonen des Patienten an dem Gespräch teilnehmen. Dazu können gehören: andere Angehörige, Freunde, der Hausarzt, bei Heimbewohnern Pflegekräfte, vielleicht auch ein Seelsorger. In komplexen Situationen kann es zweckmäßig sein, das Gespräch von einem medizinethisch Erfahrenen moderieren zu lassen. Der Gesprächsverlauf ist immer zu protokollieren, um Meinungsverschiedenheiten vorzubeugen.

**→ HINWEIS**

Werden solche Gespräche ohne wichtige Bezugspersonen geführt, die möglicherweise anderer Ansicht sind, kann dies hinterher zu Schwierigkeiten führen. Einige entscheidende Gerichtsverfahren wurden z. B. dadurch ausgelöst, dass es Arzt und Betreuer von nicht entscheidungsfähigen Heimbewohnern unterlassen hatten, das Pflegepersonal in die Gespräche über den mutmaßlichen Willen mit einzubeziehen.

**→ PROBLEME**

Gerade unter Angehörigen kann es heftige Meinungsverschiedenheiten über den Einsatz lebenserhaltender Maßnahmen bei dauerhaft nicht entscheidungsfähigen Patienten geben. Auch können Pflegende und ihre Vorgesetzten, oder Assistenzärzte und ihre Chefs jeweils voneinander abweichende Ansichten äußern und damit die Gesprächsrunde blockieren.

→ **HINWEIS**

Gerade in solchen Situationen ist es besonders wichtig, dass alle am Gespräch beteiligt werden. Wenn von vornherein klargestellt wird, dass in dem Gespräch zur Ermittlung des mutmaßlichen Patientenwillens nicht die persönlichen Meinungen und Moralvorstellungen der am Gespräch Beteiligten, sondern ausschließlich die Wünsche, Hoffnungen und Lebensphilosophie des Betroffenen thematisiert werden sollen, ist sehr häufig Übereinstimmung zu erzielen, selbst unter zerstrittenen Angehörigen.

## 2. Was ist als Erstes vom Arzt zu klären?

**a) Die medizinische Indikation.** Zunächst muss geklärt sein, ob es für bestimmte medizinische Maßnahmen tatsächlich eine Indikation gibt. Gibt es keine Indikation, dann kann ohne weitere juristische oder ethische Überlegung die Maßnahme unterbleiben. Dabei muss sich die Indikation immer auf einen bestimmten Patienten in einer konkreten Situation beziehen. Der „Gesamtzustand" und die „Prognose" müssen individuell berücksichtigt werden. Besonders wichtig ist in dann die Klärung des Therapieziels (Näheres siehe 2. Kapitel).

**b) Lebenserwartung und leidvolle Symptome.** Bei der Beurteilung des Gesamtzustands eines Patienten und seiner Prognose spielen Lebenserwartung und leidvolle Symptome eine besonders wichtige Rolle. Das Lebensalter, die aktuelle Erkrankung und andere Begleiterkrankungen sind für die Abschätzung der Lebenserwartung maßgeblich. Natürlich ist die Festlegung einer Lebenserwartung sehr unsicher. Ein erfahrener Arzt kann mit gebotener Sorgfalt diese Abschätzung vornehmen, wobei Zeitangaben, (z. B. „3 Tage") immer mit Vorsicht verwendet werden müssen. In welchem Ausmaß belasten Krankheitserscheinungen (Symptome) wie Schmerzen oder Luftnot den Patienten? Zur Beantwortung dieser Frage ist der Arzt häufig auf die **Mithilfe anderer Bezugspersonen** angewiesen, die ja die Reaktion des Betroffenen auf körperliches Leid meist besser einschätzen können als der aktuell behandelnde Arzt. Dieser kann wiederum abschätzen, inwieweit leidmindernde Maßnahmen die Symptome zu beeinflussen vermögen.

**c) Deutung körpersprachlicher Äußerungen (Mimik, Gesten, Laute).** Nicht entscheidungsfähige Patienten äußern sich oftmals körpersprachlich. Es ist aber schwierig zu entscheiden, ob derartige Äußerungen (Gesten, Körperbewegungen, Mimik, Laute) echte Willensbekundungen sind oder ob es sich um reflektorische, vom Bewusstsein nicht gesteuerte Bewegungen handelt (wie bei Patienten mit apallischem Syndrom). Körpersprache ist oft vieldeutig. So kann z. B. die Weigerung, den Mund beim Eingeben von Nahrung und Flüssigkeit zu öffnen, durchaus Ausdruck dafür sein, dass der Betreffende nicht mehr leben will. Aber vielleicht tut ihm nur der Mund weh, vielleicht hat er einen schlechten Tag oder er mag vielleicht die Stimme gerade dieser Pflegekraft nicht. Angehörige, alte Freunde, aber auch Pflegekräfte, die den Betreffenden schon lange kennen, können sehr hilfreich bei der Deutung solcher Äußerungen sein. In **schwierigen Entscheidungssituationen** kann es nötig sein, einen Fachmann (z. B. Psychiater) zu Rate zu ziehen, um zu klären, ob eine wirkliche Willensbekundung vorliegt oder nicht. Dies ist besonders bei Demenzkranken wichtig (Näheres siehe 4. Kapitel).

→ **HINWEIS**

Im Hinblick auf frühere Äußerungen ist es wichtig, Bezugspersonen am Gespräch zu beteiligen, die den Patienten lang genug kennen. Bei der Interpretation körpersprachlicher Äußerungen können nahe Angehörige oder vertraute Pflegepersonen sehr hilfreich sein. Bei der Frage, ob körpersprachliche Äußerungen eine echte Willensbekundung darstellen, kann gelegentlich das Hinzuziehen eines Psychologen oder Psychiaters sinnvoll sein.

## 3. Was ist als Nächstes wichtig?

### a) Die schriftliche Patientenverfügung

Schriftliche Patientenverfügungen sind **häufig** im Hinblick auf die eingetretene Krankheits- und Lebenssituation **auslegungsbedürftig.** Betreuer oder Bevollmächtigte müssen zusammen mit dem Arzt klären, ob die Festlegungen in der Patientenverfügung tatsächlich auf die aktuelle Situation anwendbar sind. Darüber hinaus sollte geklärt sein, ob der Patient seit Abfassung der Patientenverfügung bei seiner Meinung geblieben ist oder nicht (siehe 1. Kapitel).

Eine spezielle Problematik kann sich ergeben, wenn bei einem Patienten, der nach lebensbedrohlicher Hirnschädigung auf einer Intensivstation behandelt und maschinell beatmet wird, der **Hirntod** zu erwarten ist. In dieser freilich seltenen Situation kann es zu einem Widerspruch zwischen der Patientenverfügung und der Aussage im Organspendeausweis des Betroffenen kommen. Sofern für diesen Fall in der Patientenverfügung nichts festgelegt wurde, sollte im Gespräch geklärt werden, ob der Betroffene ein ungestörtes ruhiges Sterben gemäß seiner Patientenverfügung wünscht oder ob er bereit ist, sein Leben um einige Stunden mit Hilfe maximaler („organerhaltender") Intensivtherapie verlängern zu lassen, um anderen Menschen, die auf Organe warten, damit eine Überlebenschance zu geben. Liegt neben der Patientenverfügung kein Organspendeausweis vor, wird es noch komplizierter. Dann muss bezüglich einer möglichen Spendebereitschaft der mutmaßliche Wille des Patienten ermittelt werden (siehe 3. Kapitel).

### → PROBLEME

In Zweifelsfällen ist im Rahmen dieser Gespräche auch zu klären, ob bei der Abfassung der Patientenverfügung Druck auf den Betroffenen ausgeübt wurde. Manchmal muss auch gefragt werden, ob er zu diesem Zeitpunkt noch die Tragweite seiner Entscheidungen beurteilen konnte oder ob er irrtümliche Vorstellungen über die von ihm erwünschten oder nicht erwünschten Maßnahmen hatte. Kommt es zu **keiner Einigung** zwischen Arzt und Vertreter, dann und nur dann ist das **Betreuungsgericht** anzurufen (siehe S. 34). Dessen Aufgabe ist in erster Linie die Feststellung des Patientenwillens in dieser Situation. Es ist gehalten, entsprechend dem Willen des Betroffenen zu entscheiden. Bei der Prüfung durch das Betreuungsgericht sollen die sonstigen Beteiligten angehört und ein Sachverständigengutachten eingeholt werden, das nicht vom behandelnden Arzt erstellt werden darf.

### → HINWEIS

Besteht kein Einvernehmen zwischen Arzt und Vertreter, ist eine Genehmigung durch das Betreuungsgericht nötig. Das Gericht ist gehalten, nach Anhörung aller Beteiligten und Einholung eines unabhängigen Gutachtens gemäß dem Patientenwillen zu entscheiden.

Wie wichtig derartige Gespräche zwischen Arzt und Vertreter mit Hilfe anderer wichtiger Bezugspersonen des Betroffenen – auch beim Vorliegen einer gültigen Patientenverfügung – sind, soll folgendes **Beispiel** zeigen:

### BEISPIEL

Herr N, 79 Jahre alt, liegt wegen eines großen Schlaganfalls seit fünf Tagen im Krankenhaus und ist noch immer bewusstlos. Es stellt sich die Frage nach Anlage einer PEG (Magensonde), die vor der geplanten Verlegung in die Rehabilitationsklinik noch erfolgen soll. Herr N. hat vor zwei Jahren eine Patientenverfügung erstellt und in einer Vorsorgevollmacht seinen Sohn bevollmächtigt. Die Patientenverfügung bezieht sich sogar auf die jetzt eingetretene Situation: „Sollte ich durch einen Schlaganfall bewusstlos werden, wünsche ich keine lebensverlängernden Maßnahmen."

In einer derartigen Situation könnte das Gespräch zwischen Arzt, Bevollmächtigtem und anderen Angehörigen sehr unterschiedlich verlaufen und verschiedene Entscheidungen nach sich ziehen:

Variante A: Der Arzt hält die Prognose (Aussicht) des Betroffenen für relativ gut und stellt deshalb die Indikation zur PEG. Im Gespräch besteht Einigkeit über den Willen des Patienten, demzufolge er mit „Koma" einen dauerhaften und nicht nur vorübergehenden Zustand der Bewusstlosigkeit gemeint hat. Da die Chancen für sein Erwachen aus dem „Koma" groß sind, wird die vorläufige Nährsonde durch die Nase in den Magen in eine PEG umgewandelt. Vielleicht erholt sich der Patient durch die künstliche Ernährung so gut, dass er selbst wieder Entscheidungen treffen kann.

Variante B: Der Arzt hält die Prognose (Aussicht) hinsichtlich der Gehirnschädigung für außerordentlich schlecht, hinsichtlich des Überlebens aber für gut. Alle am Gespräch Beteiligten sind sich einig, dass es nicht dem Willen des Betroffenen entspricht, bei fortbestehender Bewusstlosigkeit lebenserhaltende Maßnahmen einzusetzen. Die PEG wird nicht gelegt, der Patient wird nicht mehr ernährt und palliativ (leidfrei) bis zu seinem Tod versorgt.

Variante C: Der Arzt hält es für verfrüht, die Prognose (Aussicht) bezüglich Gehirnschaden und Überlebensfähigkeit einzuschätzen, und hält deshalb einen Therapieversuch für gerechtfertigt. Die Gesprächsteilnehmer einigen sich im Hinblick auf den Willen des Patienten darauf, eine PEG zu legen, die übliche Behandlung einschließlich Reha-Maßnahmen fortzuführen und nach Ablauf von ca. sechs Wochen eine neue Entscheidung über Fortsetzung oder Einstellung lebenserhaltender Maßnahmen zu treffen.

Variante D: Der Arzt hält die Gesamtprognose (Aussicht) im Hinblick auf das Überleben des Betroffenen für so schlecht, dass er keine Indikation für die Fortsetzung lebenserhaltender Maßnahmen erkennen kann. Er informiert darüber den Bevollmächtigten und andere Angehörige. Die PEG wird nicht gelegt mangels Indikation. Der Patient wird bis zu seinem Tode palliativ versorgt.

Variante E: Der Arzt hält die Indikation für die Anlage einer PEG für gegeben und interpretiert die Patientenverfügung so wie andere Angehörige auch: Mit „Koma“ sei dauerhafter Bewusstseinsverlust gemeint. Der Bevollmächtigte beharrt jedoch sofort auf der wörtlichen Umsetzung der Patientenverfügung. Da keine einvernehmliche Entscheidung erreicht werden kann, wird das Betreuungsgericht eingeschaltet. Dessen Aufgabe ist zunächst die Ermittlung des Patientenwillens. Dazu sind nötig: Die Einholung eines unabhängigen Gutachtens und die Anhörung der Beteiligten. Ein sogenannter Verfahrenspfleger (aus dem Kreis der Angehörigen) soll die Interessen des Betroffenen wahrnehmen. Sofern sich das Gericht der Meinung des Bevollmächtigten anschließt (Einstellung der lebenserhaltenden Maßnahmen), darf der Beschluss erst nach Ablauf von 14 Tagen in Kraft treten. Bis dahin sind die lebenserhaltenden Maßnahmen fortzusetzen.

Es gäbe noch weitere Varianten. **Beispiel:** Arzt und Bevollmächtigter sind sich einig, andere Angehörige vertreten aber die Meinung, dass der Wille des Betroffenen nicht richtig eingeschätzt wurde. Sie haben dann ihrerseits die Möglichkeit, sich an das Betreuungsgericht zu wenden. Dieses realistische Beispiel soll deutlich machen, dass zur „Umsetzung“ einer Patientenverfügung diese im Gesetz vorgeschriebenen Gespräche nicht nur sinnvoll, sondern notwendig sind. Der Arzt steuert sein Fachwissen (Einschätzung der Prognose) bei, Bevollmächtigter und Angehörige ihr Wissen um die Einstellung des betroffenen Patienten. Niemand muss also Angst davor haben, dass eine Patientenverfügung unüberlegt, automatisch und wörtlich („Eins zu Eins“) umgesetzt wird (Näheres siehe 1. und 2. Kapitel).

## b) Behandlungswünsche

Gibt es keine schriftliche Patientenverfügung oder ist sie auf die eingetretene Situation nicht anwendbar, dann ist nach **früheren Äußerungen** zu fragen: Vorrangig ist die Frage nach früher geäußerten Behandlungswünschen **(mündliche Patientenverfügung)** im Hinblick auf eine Krankheitssituation, wie sie jetzt eingetreten ist (siehe 1. Kapitel). Derartige Behandlungswünsche oder Nichtbehandlungswünsche äußern Schwerkranke, aber auch Gesunde nicht nur ihren Angehörigen, sondern auch dem Arzt gegenüber. Manchmal wird es nur dem Arzt gesagt, manchmal nur den Angehörigen. Deswegen ist es ratsam, dass der Vertreter bei der Feststellung solcher „Behandlungswünsche“ mit dem Arzt Kontakt aufnimmt. Der Arzt seinerseits sollte bei Äußerungen von Behandlungswünschen durch den Patienten möglichst mit den Angehörigen sprechen, um noch vor dem eventuellen Eintritt der Nichtentscheidungsfähigkeit Einvernehmen zwischen allen Beteiligten herzustellen. Denn es kann fatal werden, wenn der Patient nur mit dem Arzt über seine Behandlungswünsche gesprochen hat, nicht aber mit seinen Angehörigen.

Dazu zwei **Beispiele:**

**BEISPIEL**

Frau Z, Anfang 70, verwitwet, seit Jahren chronisch lungenkrank und schwer leidend, wird vom Notarzt wiederbelebt und in die Intensivstation eingeliefert. Nach einigen Tagen kann die künstliche maschinelle Beatmung eingestellt und mit der Patientin Kontakt aufgenommen werden. Ihre Lungenerkrankung ist freilich so schwerwiegend, dass jederzeit mit dem erneuten Versagen der Atmung zu rechnen ist. Der Patientin ist das bewusst. Als sie gefragt wird, ob sie lieber gestorben wäre statt wiederbelebt zu werden, bejaht sie das und fügt hinzu, dass sie auf keinen Fall mehr beatmet und wiederbelebt werden wolle. Sie wolle dann lieber sterben und wünsche sich eine rein lindernde Therapie. Die schriftliche Niederlegung dieser Wünsche war ihr nicht zuzumuten. Der Wille der Patientin wurde vom Behandlungsteam und von den Angehörigen einvernehmlich respektiert und sorgfältig dokumentiert. Nach rund zwei Wochen kommt es wieder zum Lungenversagen, bei dem die Patientin nicht mehr einwilligungsfähig ist. Ihre Behandlungswünsche werden respektiert, sie darf sterben.

Wegen der kurzen Zeit zwischen der Äußerung des Behandlungswunsches (bzw. Nichtbehandlungswunsches) und der Befolgung dieses Wunsches kann natürlich von einer **aktuellen Äußerung** ausgegangen werden. Bei **größeren Zeiträumen** werden aber die Übergänge zwischen aktueller Äußerung und „früher" geäußertem Behandlungswunsch fließend. Auch dazu ein Beispiel:

**BEISPIEL**

Frau Y, 92 Jahre, wird wegen eines Herzinfarktes erfolgreich wiederbelebt. Bei der Verlegung von der Intensivstation auf die Normalstation bittet sie darum, im Wiederholungsfall sterben zu dürfen. Sie wolle weder auf die Intensivstation, noch wiederbelebt und beatmet werden. Nach rund 14 Tagen kommt es erneut zu einer schweren Herzattacke mit heftigsten Brustschmerzen und schwerster Luftnot. Sie ist sterbend und nicht mehr ansprechbar. Sie erhält lindernde Medikamente. Arzt und Angehörige sitzen an ihrem Bett und warten auf das Ende. Jeder Atemzug konnte der Letzte sein. Doch nach 20 Minuten wird die Atmung ruhiger, die Patientin erholt sich und kann 14 Tage später entlassen werden. Als nach vier Wochen eine erneute Krankenhausaufnahme wegen Herzversagens nötig wird, darf die Patientin in Ruhe sterben, ohne Intensivstation, ohne Beatmung und ohne schriftliche Patientenverfügung. Ihr sechs Wochen zuvor mündlich geäußerter Wunsch, nicht mehr behandelt zu werden, wird respektiert.

→ **HINWEIS**

Früher geäußerte Behandlungswünsche (mündliche Patientenverfügung) haben Vorrang vor der Ermittlung des mutmaßlichen Willens, wenn sie eindeutig feststellbar sind und auf die eingetretene Situation zutreffen.

### c) Die Ermittlung des mutmaßlichen Patientenwillens und subjektiven Patientenwohls

Wenn der Patient nicht entscheidungsfähig ist, keine Patientenverfügung vorliegt oder diese in der konkreten Situation nicht anwendbar ist und überdies kein konkreter Behandlungswille ersichtlich ist, muss der mutmaßliche Wille ermittelt werden.

*aa) Andere frühere Äußerungen*

Hat sich der Patient früher zu seinem eigenen Lebensende geäußert? Hatte er Wünsche und Hoffnungen, Ängste oder Befürchtungen im Hinblick auf die letzte Phase seines Lebens? Wollte er vielleicht eine Patientenverfügung erstellen? Auch wenn sich Betroffene nicht unmittelbar zum eigenen Lebensende geäußert haben, haben sie doch oft Familienangehörigen angesichts des Leids von Verwandten, Freunden oder Bekannten zu verstehen gegeben, dass sie ein derartiges Schicksal nicht durchleiden wollen. Auch die Schilderung schwerer Krankheitsverläufe in den Medien kann zu solchen Äußerungen geführt haben, an die sich z. B. Angehörige im Gespräch zum mutmaßlichen Willen erinnern. Mitunter haben sich Betroffene gegenüber den eigenen Familienangehörigen nie in dieser Weise geäußert, dafür aber gegenüber Freunden, dem Hausarzt, einem Seelsorger oder auch gegenüber einer Pflegekraft. Deshalb ist es wichtig, auch diese Personen am Gespräch zu beteiligen.

**Die nächsten Schritte** (für den Fall, dass die zusammengetragenen Äußerungen kein eindeutiges Ergebnis haben):

*bb) Lebenshaltungen, Wertvorstellungen, ethische oder religiöse Anschauungen*

Erfahrungsgemäß ist es nicht einfach, in einem Gespräch die Lebenshaltungen, Wertvorstellungen und religiösen Anschauungen eines nicht einwilligungsfähigen Patienten zu ergründen. Zunächst sollten sich die nächsten Angehörigen des Betroffenen zu seiner Biographie und Lebensphilosophie äußern. Wenn das spontan nicht gelingt, kann mit Hilfe von gezielten Fragen vieles erhellt werden. Folgender Fragenkatalog hat sich in derartigen Gesprächen gut bewährt:

**Fragenkatalog zu Lebenseinstellung, Wertvorstellungen und religiösen Anschauungen** (modifiziert nach Jürgen Bickhardt, Patientenverfügung, Ausdruck der Selbstbestimmung – Auftrag zur Fürsorge, S. 130, siehe weiterführende Literatur, S. 4):

- Wie ist der Betroffene früher mit Schicksalsschlägen, eigener Krankheit, Behinderung, Schmerz oder anderem Leid zurecht gekommen?
- Wie ist der Betroffene mit dem Leid anderer umgegangen?
- Wie war seine Fähigkeit, Hilfe anderer anzunehmen?
- Hat der Betroffene früher Ängste geäußert? Welche?
- Wie hat er rückblickend sein Leben eingeschätzt? War es für ihn in Ordnung, wie es war? Oder nicht?
- Hatte er Pläne für sein weiteres Leben?
- Gibt es „Unerledigtes", das noch in Ordnung gebracht werden sollte?
- Wie waren die Beziehungen zu anderen? Wie zur Religion?
- Wie sah zuletzt der Alltag des Betroffenen aus? Was war wichtig oder nicht (mehr) wichtig für ihn? Früher? Zuletzt?
- Hatte er Vorstellungen über ein Leben nach dem Tod? Hat er Vorkehrungen für den eigenen Todesfall getroffen? Welche?

Dabei ist es wichtig, die Fragen je nach Situation zu ergänzen oder zu modifizieren. Im Rahmen der sicherlich nötigen **Dokumentation** eines solchen Gesprächs empfiehlt es sich, markante Aussagen von Angehörigen oder anderen Bezugspersonen oder wiedergegebene Äußerungen des Betroffenen als wörtliche Zitate zu notieren (siehe Gesprächsprotokoll, S. 61).

**→ HINWEIS**

Gespräche zur Ermittlung des mutmaßlichen Patientenwillens und subjektiven Wohls des Betroffenen sollen in einem geschützten Raum und ohne Zeitdruck stattfinden. Die Persönlichkeit des Betroffenen und sein Wille muss im Mittelpunkt stehen, nicht die persönlichen Ansichten der Gesprächsteilnehmer.

Anhand der vorgenannten Gesprächspunkte, die je nach individueller Situation erweitert oder verändert werden können, lässt sich der Wille des Patienten meist gut erarbeiten. Sind sich dann Vertreter und Arzt (und weitere Bezugspersonen) einig, dass die Durchführung einer bestimmten medizinischen Maßnahme oder deren Unterlassung dem Willen des Betroffenen entspricht, dann kann diese Maßnahme durchgeführt bzw. unterlassen werden.

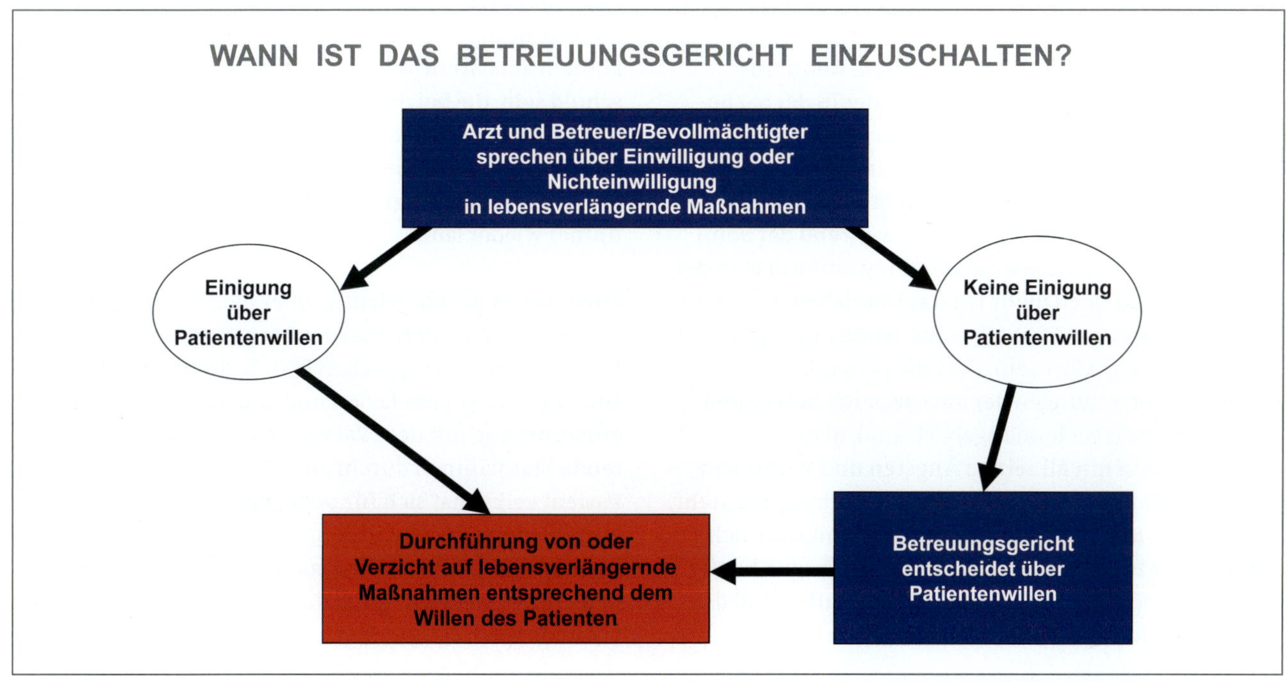

## 4. Wann ist der Betreuungsrichter einzuschalten?

Nur wenn der Vertreter des Patienten und der behandelnde Arzt keine Einigkeit über die empfohlenen medizinischen Maßnahmen erzielen können, **muss** das Betreuungsgericht eingeschaltet werden (siehe vorstehende Graphik). In der Praxis geschieht das entweder durch den Arzt, der durch den Patientenvertreter aus seiner Sicht am notwendigen Handeln gehindert wird, oder durch den Patientenvertreter, wenn dieser befürchtet, dass der Arzt ohne seine Zustimmung und gegen den mutmaßlichen Willen des Patienten handeln könnte.

Es kann aber auch vorkommen, dass **weitere** Angehörige, Vertrauenspersonen oder Pflegekräfte mit einer Entscheidung nicht einverstanden sind, die Vertreter und Arzt gemeinsam getroffen haben. Wenn sie glauben, dass diese Entscheidung nicht dem mutmaßlichen Willen des Betroffenen entspricht, haben auch sie die Möglichkeit, sich an das Betreuungsgericht zu wenden.

## 5. Psychologische Probleme bei der Willensermittlung und bei schwerwiegenden Entscheidungen

Schwierig können Gespräche verlaufen, wenn Angehörige unter sich zerstritten sind oder in der Sache gegensätzliche Meinungen haben. Nicht selten kommt es vor, dass z. B. die Tochter eines Intensivpatienten darauf drängt, alle Geräte auszuschalten, weil dies dem Willen des Betroffenen entspräche, während der Sohn die Verlegung an eine Spezialabteilung einfordert in der Hoffnung, dass noch mehr für das Überleben des Vaters getan werden kann. Deshalb sollte schon am Beginn des Gesprächs geklärt sein, dass die persönlichen und ethischen Vorstellungen der am Gespräch Beteiligten für das Ergebnis nicht maßgeblich sind, denn: **Nur der Betroffene** mit all seinen Ängsten und Wünschen, seinen Hoffnungen und seiner Lebensphilosophie **steht im Mittelpunkt** der Gesprächsrunde. Dann lässt sich selbst unter zerstrittenen Familienangehörigen häufig eine Einigung über den mutmaßlichen Willen und das subjektive Wohl des Patienten erzielen.

Eine weitere Schwierigkeit kann sich dann ergeben, wenn Patienten früher nur mit dem Arzt ihre (Nicht-) Behandlungswünsche besprochen haben, aber nicht mit den eigenen Angehörigen. Deshalb ist Ärzten anzuraten, **rechtzeitig Angehörige mit einzubeziehen,** wenn diese Wünsche geäußert werden. Voraussetzung ist, dass der Patient damit einverstanden ist.

Dem betroffenen Patienten besonders nahestehende Menschen scheuen sich immer wieder, an Entscheidungen mitzuwirken, weil diese zu dessen schnellerem Tod führen könnten. Sie wollen „nicht schuld" am Tod ihres Ehepartners, Elternteils, Kindes sein. So wird das häufig ausgedrückt. Ist man der Meinung, dass der Betroffene in den Beginn oder die Fortsetzung lebensverlängernder Maßnahmen, etwa die Anlage einer PEG (Magensonde), einwilligen würde, können sich später Schuldgefühle beim Betreuer oder Bevollmächtigten einstellen, wenn sich herausstellt, dass durch die quälende Maßnahme gegen den Willen des Patienten nur noch das Sterben herausgezogen wurde. Umgekehrt möchten Vertreter, Angehörige oder Freunde nicht, dass der Betroffene „verhungert oder verdurstet". Trotz verstandesmäßig richtiger Entscheidung im Sinne des Patienten, der längst kein Hunger- und Durstgefühl mehr besitzt, entstehen Schuldgefühle, die häufig mit folgendem Satz enden: „Ich kann doch meine Mutter nicht verhungern lassen." An solchen Äußerungen können auch Ärzte oder „wohlmeinende" Mitmenschen schuld sein, die bei der Willensermittlung die leichtfertige Frage gestellt haben: „Sie wollen Ihre Mutter doch nicht verhungern lassen!?" Aber auch ohne solche in der Sache unsinnige Fragen werden eigene Schuldgefühle immer wieder laut.

Zunächst ist es sehr wichtig, über diese Schuldgefühle ausführlich zu reden. Von der Rechtslogik her ist klar: Vertreter und Arzt sprechen kein Todesurteil und sie sind nicht Herr über Leben und Tod, wenn sie in Übereinstimmung mit dem Patientenwillen lebenserhaltende Maßnahmen durchführen oder unterlassen. **Der Patient selbst** hat sich für oder gegen die Maßnahmen entschieden oder er würde so entscheiden, wenn er noch könnte. Der Tod wird auch nicht durch Dritte herbeigeführt, sondern durch die Krankheit, die dem Leben ein Ende setzt.

→ **HINWEIS**

Letztlich trifft der Betroffene selbst die Vorweg-Entscheidung über die Anwendung oder den Verzicht von lebenserhaltenden Maßnahmen und nicht Dritte.

Juristisch gibt es **keinen Unterschied zwischen Nichtbeginnen und Abbrechen von lebensverlängernden medizinischen Maßnahmen.** Darauf hat 2010 der Bundesgerichtshof noch einmal ausdrücklich hingewiesen und festgestellt, dass auch aktives Tun – wie etwa das Abschalten eines Gerätes – nicht anders zu bewerten ist als der Verzicht auf den Ersteinsatz lebenserhaltender Geräte. Deshalb ist es klar, dass der Abbruch eines gescheiterten bzw. nicht zielführenden Heilversuchs ethisch gleichermaßen zu bewerten ist als der Verzicht auf einen nicht indizierten Heilversuch. Weiterhin werden aber Angehörige oder Ärzte die feste Meinung vertreten, dass eine einmal begonnene lebensverlängernde Maßnahme nicht abgebrochen werden dürfe. Allerdings kann der Abbruch jahrelang durchgeführter Maßnahmen, etwa einer künstlichen Ernährung, in der Umgebung eines Patienten (z. B. bei Pflegekräften) verständliche psychologische Reaktionen auslösen, über die aber im Vorfeld ausführlich gesprochen werden muss.

→ **HINWEIS**

Die Ermittlung des mutmaßlichen Willens und subjektiven Patientenwohls ist auch bei größter Sorgfalt mit dem Risiko einer Fehlbeurteilung behaftet. Trotzdem gibt es keine sicheren Alternativen, es sei denn, der Betroffene hat für sich eine eindeutige Patientenverfügung erstellt. Dieses Risiko ist aber immer größer, wenn Dritte Entscheidungen treffen wollen, ohne nach dem Willen oder der Lebensphilosophie des Patienten zu fragen.

## 6. „Verhungern und Verdursten lassen"

Viele Menschen meinen fälschlicherweise auch, dass Nahrungs- und Flüssigkeitsentzug automatisch mit Leiden verbunden sei. Diese Ansicht ist verständlich, denn der Kampf um Nahrung war seit jeher ein existentielles Thema der Menschen und ist es für Millionen Menschen auch heute noch. Ein Baby schreit, wenn es Hunger hat, und Bilder von abgemagerten Kindern schockieren uns. Das existentielle Gefühl, dass Leben nur durch Ernährung weiter geht, steckt tief in uns. Doch am Lebensende kann es ganz anders aussehen: Hochbetagte Menschen verlieren zunehmend das Gefühl für Hunger und Durst. Sie haben immer weniger Appetit, stellen nach und nach ihre Nahrungszufuhr ein und sterben an Altersschwäche. Sie sterben aber nicht an Unterernährung, sondern, weil sie am Ende ihres Lebens angekommen sind. So haben auch die meisten Krebspatienten im Spätstadium kein Hungergefühl mehr. Schwerkranke leiden an **Appetitlosigkeit.** Auch Demenzkranke haben im Endstadium, wenn sie nichts mehr essen können und wollen, kein Hungergefühl (wie auch Wachkomapatienten). Patienten mit totaler künstlicher Ernährung verlieren dagegen sehr schnell das Hungergefühl, denn dieses ist an den Appetit gekoppelt. Wenn der Patient aber nichts mehr schmecken kann, verschwindet der Appetit nach kurzer Zeit.

→ **HINWEIS**

Fast alle schwerstkranken Menschen haben keinen Appetit und kein Hungergefühl mehr. Die wichtigste pflegerische Maßnahme gegen das Durstgefühl bei Sterbenden ist eine gute Mundpflege.

Das **Durstgefühl** bleibt sehr lange erhalten. Am besten kann es bei Sterbenden mit **guter Mundpflege** bekämpft werden. Dies ist wirksamer als die künstliche Zufuhr von großen Flüssigkeitsmengen. Erhält ein sterbender Mensch mit seinem versiegenden Kreislauf so viel Flüssigkeit wie ein Gesunder, wird er dadurch massiv belastet: Die Flüssigkeit kann nicht mehr ausgeschieden werden, sie sammelt sich im Körper, vor allem in der Lunge an, und führt zur Atemnot. Zusätzlich wächst auch die Gefahr des Wundliegens (Decubitus). Eine leichte Austrocknung schont den versiegenden Organismus und kann sogar zur Freisetzung von sogenannten Glückshormonen (Endorphine) führen.

→ **HINWEIS**

Das Stillen von Hunger und Durst gehört auch bei Sterbenden zu den Basismaßnahmen. Wenn sie aber weder Hunger noch Durst haben, kann die Ernährung entsprechend unterbleiben. Künstliche Zufuhr von Nahrung und Flüssigkeit darf gegen den Willen des Betroffenen nicht durchgeführt werden.

# 4 Ethische Entscheidungsfindung in schwierigen Grenzsituationen

*Entscheidungen über den Einsatz oder die Fortführung lebenserhaltender Maßnahmen bzw. über Verzicht oder den Abbruch solcher Maßnahmen sind immer schwierig. Das gilt für Menschen, die bei klarem Verstand selbst Verantwortung für sich übernehmen müssen. Erst recht gilt es aber für Dritte (Bevollmächtigte, Betreuer, Ärzte, Richter), die Entscheidungen für nichteinwilligungsfähige Betroffene zu fällen haben. Liegt keine Patientenverfügung vor oder ist sie nicht auf die aktuelle Situation anwendbar, wird es besonders schwierig.* ***In besonders komplizierten Situationen*** *genügt es dann nicht immer, eine vorliegende schriftliche Patientenverfügung auszulegen, frühere Behandlungswünsche festzustellen oder den mutmaßlichen Willen des Betroffenen zu ermitteln. Dann müssen* ***weitere Überlegungen*** *angestellt werden, um zu einer gut begründeten Entscheidung zu kommen. Damit ist das* ***Ethik-Komitee*** *oder* ***Ethik-Konsil*** *gemeint, zu dem sich die wichtigsten Bezugspersonen eines nicht entscheidungsfähigen Schwerstkranken treffen. Das sind die zuständigen Ärzte, Pflegekräfte, Seelsorger oder Psychologen, die gemeinsam in leichteren oder komplexen Ausnahmesituationen den mutmaßlichen Willen ermitteln und zu einer gut begründeten Einschätzung kommen wollen. Ethische Konsile gibt es inzwischen in den meisten Krankenhäusern, aber auch zunehmend in Pflegeheimen. Für eine solche Gesprächsrunde hat sich ein Vorgehen nach folgendem Schema bewährt:*

## 1. Entscheidungswege

### a) Die eigene Betroffenheit wahrnehmen

Die Konfrontation mit einer lebensbedrohlichen Krankheitssituation, mit schwerster Behinderung, schlimmen Leiden oder auch Sterben löst bei allen Menschen Gefühle aus: Gefühle der Rat- und Hilflosigkeit, Gefühle von Ohnmacht, Angst oder auch Zorn. Das gilt auch für professionelle Helfer, also Ärzte und Pflegekräfte, sofern sie der Beruf mit ständigem Stress nicht abgestumpft hat. Es ist wichtig, diese **Gefühle** bei sich wahrzunehmen und zuzulassen. Je nach Lebens- und Berufserfahrung, Alter, emotionaler (gefühlsmäßiger) Nähe zum Patienten, seelischer „Tagesform" oder eigenen Lebenseinstellungen sind diese Gefühle ganz verschieden stark. Deshalb ist es auch wichtig, sich z. B. mit Mitarbeitern **über die eigenen Gefühle auszutauschen.** Schon dieser Schritt fällt vielen Menschen, insbesondere Männern, schwer. Wichtig ist, nicht aus einer momentanen Gefühlslage heraus vorschnelle Entscheidungen zu treffen, gleich gar nicht Entscheidungen über Patienten, die selbst keine Entscheidung mehr für sich treffen können.

### b) Den Perspektivenwechsel vornehmen

Wenn man eigene Gefühle wahrgenommen und mit anderen darüber gesprochen hat, ist es wichtig, auf **Distanz zu den eigenen Gefühlen** zu gehen. Das kann dann gelingen, wenn man sich überlegt, welche Gefühle die schlimme Situation eines Patienten bei anderen auslösen kann. Wie ist die Sicht der anderen? Die „anderen" sind zunächst die ebenfalls von der Situation Betroffenen: Der Patient, der Betreuer, nahe Angehörige, enge Freunde, Pflegepersonen und Ärzte. Die „anderen" können aber auch Mitglieder verschiedener Berufsgruppen sein (Mediziner, Pflegekräfte, Theologen, Seelsorger, Hospizhelfer, Juristen). Denn jede Berufsgruppe hat ihre spezifische Sicht der Dinge. Das Sich-Hinein-Versetzen in die „anderen" führt dazu, den eigenen – zunächst von Gefühlen geprägten – Standpunkt zu überprüfen, vielleicht auch zu korrigieren. Auch darüber sollte dann innerhalb der Gesprächsrunde ein intensiver Austausch stattfinden.

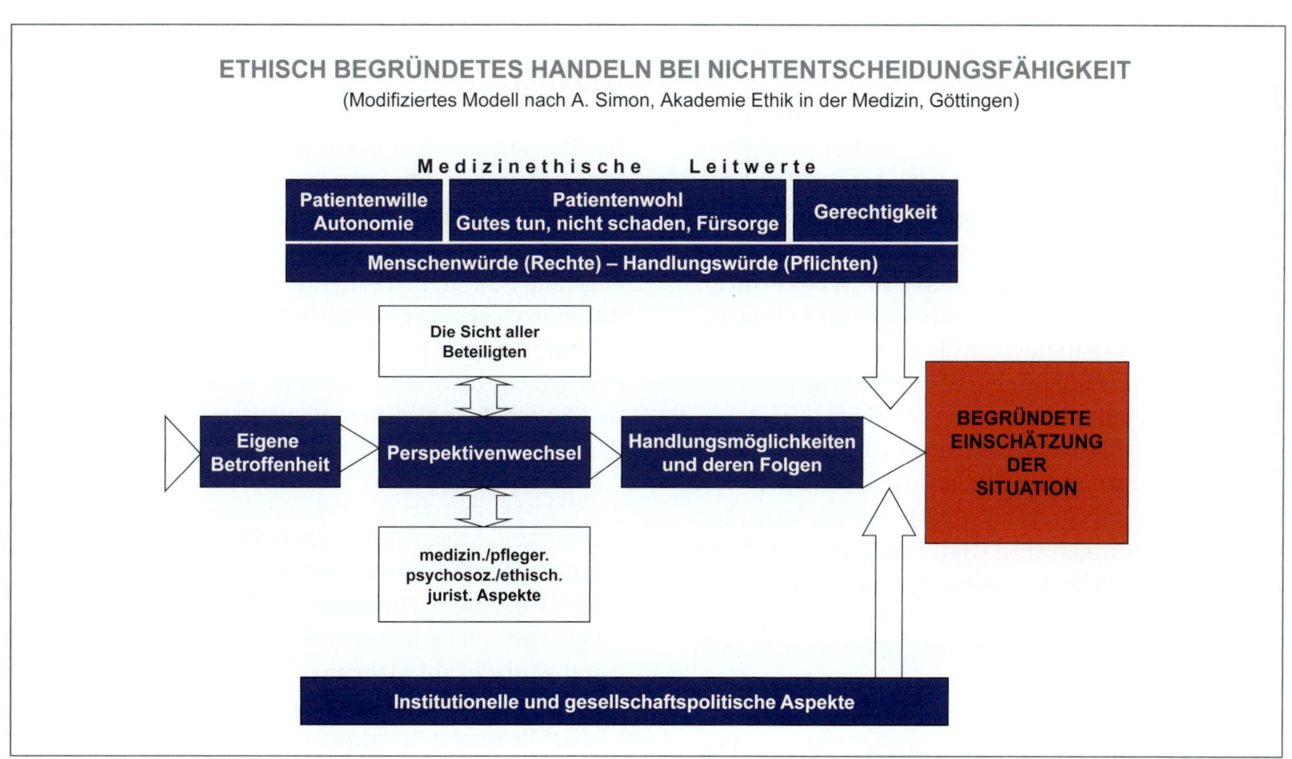

### c) Verschiedene Handlungsmöglichkeiten und deren jeweilige Folgen überdenken

In der Regel gilt: Zwischen dem „Weiter so wie bisher" und dem „Abbruch" gibt es häufig noch andere Möglichkeiten. So könnte in einem Fall beispielsweise auf besonders aufwändige medizintechnische Maßnahmen (Intensivtherapie, Wiederbelebung, künstliche Beatmung) verzichtet werden. Dagegen sollten andere lebenserhaltende Maßnahmen wie Antibiotikagabe, Übertragung von Blutpräparaten oder die Zufuhr künstlicher Nahrungs- und Flüssigkeit fortgeführt werden, wenn das für das subjektive Wohl des Betroffenen als gut angesehen werden kann bzw. seinem mutmaßlichen Willen am nächsten kommt. Oder es wird ein Auslassversuch lebenserhaltender Maßnahmen für einen Zeitraum von 1–2 Tagen vorgenommen und abgewartet, wie sich die Situation weiterentwickelt. So könnte sich wider Erwarten das Befinden des Betroffenen bessern, zumindest vorübergehend! Oder man setzt alle Maßnahmen für eine begrenzte Zeit fort, weil es für eine endgültige Entscheidung noch zu früh ist. Das wäre z. B. bei Schlaganfallpatienten der Fall, bei denen sehr bald nach dem Apoplex eine Magensonde (PEG) gelegt wird anstatt zu beobachten, ob sich eine Schluckstörung zurückbildet (siehe Variante C des Fallbeispiels auf S. 31).

### d) Medizinethische Leitwerte beachten

Wie ist der Wille des Betroffenen einzuschätzen? Wie könnte sein subjektives Wohl interpretiert werden? Schadet die lebenserhaltende Maßnahme mehr als sie nutzt oder verhält es sich umgekehrt? Wird die Fürsorgepflicht mehr verletzt, wenn man die lebenserhaltenden Maßnahmen fortsetzt oder unterlässt? Ist das Prinzip der Gerechtigkeit gewahrt? Bei dieser Frage kommen andere, etwa Mitpatienten, ins Spiel: Ist die Transplantation eines Herzens bei einem über 70-Jährigen, der auch mit einem fremden Herzen eine schlechte Lebenserwartung hat, gerechtfertigt, wenn einem Jüngeren, dadurch ein Spenderorgan vorenthalten wird? Ist eine sehr teure Maßnahme, die das Leben vielleicht nur für kurze Zeit verlängern kann, gerechtfertigt? Wird, z. B. auf eine anstehende künstliche Beatmung bei einem alten Hochrisikopatienten verzichtet zu Gunsten eines jüngeren Patienten, dessen Erfolgschancen größer sind? Auch in den reichen Gesundheitswesen der „westlichen" Welt spielen solche Überlegungen zunehmend eine Rolle. Noch gilt, dass wirtschaftliche Gründe nicht ausschlaggebend für Einsatz oder Verzicht auf lebenserhaltende Maßnahmen sein dürfen. Aber in konkreten Situationen stellen sich die Fragen natürlich doch.

### e) Institutionelle und gesellschaftspolitische Aspekte beachten

Wie ist die aktuelle Rechtslage? Wie die standesrechtlichen Grundsätze? Welche Rolle spielen Institutionen (Krankenhäuser, Pflegeheime) mit ihrem jeweiligen Leitbild? Welche Rolle kommt dem medizinischen Dienst der Krankenkassen (MDK) bzw. der Heimaufsicht in Pflegeheimen zu? Welcher Druck wird durch Institutionen auf die Entscheidungsträger ausgeübt? Wie ist die Einstellung der Betreuungsrichter vor Ort? Wie verhalten sich Vorgesetzte gegenüber Untergebenen?

### f) Einschätzung der Situation begründen

Nach sorgfältiger Ermittlung des mutmaßlichen Patientenwillens und nach gemeinsamem „Abschreiten" der vorgenannten fünf Stationen ist eine Einigung über die Einschätzung der Situation möglich.

## 2. Ein Beispiel: Beendigung der künstlichen Ernährung: Sterben zulassen oder Töten durch Unterlassen?

Das Vorgehen nach dem Ethik-Schema (siehe Grafik S. 37) soll an einem Beispiel verdeutlicht werden, das in zahlreichen Seminaren für Bürger, die für sich eine eigene Patientenverfügung erstellen wollen, oder für angehende Berater zu Patientenverfügungen und Vollmachten (Seelsorger, Hospizhelfer, Ärzte) vielfach verwendet wurde. Es handelt sich um eine Geschichte, die letztlich zu einem wichtigen wegweisenden Urteil des Bundesgerichtshofs („Kemptener Urteil") geführt hat:

**URTEIL**

„Eine 70-jährige Patientin befindet sich seit März 1990 in der Pflegeabteilung eines Altenheimes. Sie leidet an einem ausgeprägten hirnorganischen Psychosyndrom im Rahmen einer präsenilen Demenz mit Verdacht auf Alzheimer-Krankheit. Anfang September kommt es zu einem Herzstillstand mit anschließender Reanimation (Wiederbelebung). Eine schwere Hirnschädigung nach Sauerstoffmangel ist die Folge. Aufgrund einer dadurch verursachten Schluckunfähigkeit wird die Patientin künstlich ernährt: Zunächst über eine Nasensonde, ab Ende 1992 wegen Komplikationen über eine Magensonde (PEG). Die Patientin ist seit Ende 1990 nicht mehr ansprechbar, geh- und stehunfähig; sie reagiert auf optische und akustische Reize sowie auf Druck lediglich mit Gesichtszuckungen oder Knurren. Trotz Krankengymnastik kommt es zu Beugekontrakturen an den Gliedmaßen (Versteifung der Gliedmaßen in Beugehaltung). Vitalfunktionen (lebenswichtige Funktionen wie Atmung, Herzschlag, Nierentätigkeit) sind vorhanden, Anzeichen für Schmerzempfinden bestehen nicht. Der die Patientin seit Oktober 1990 behandelnde Arzt schlägt Anfang 1993 dem zum Betreuer bestellten Sohn der Patientin vor, den Zustand der Mutter, bei dem keine Besserung zu erwarten ist, dadurch zu beenden, dass die Sondenernährung eingestellt und stattdessen lediglich Tee verabreicht wird. Dadurch würde der Tod der Frau binnen zwei bis drei Wochen eintreten, ohne dass sie leiden müsse. Auf entsprechende Anfrage des Sohnes erklärt der Arzt, dass dieses Vorgehen rechtlich abgesichert sei. Nach eingehender Beratung mit Freunden und Verwandten stimmt der Sohn dem Vorschlag des Arztes zu. Bei seiner Entscheidung spielt auch der Umstand eine Rolle, dass seine Mutter ihm gegenüber vor acht bis zehn Jahren, nachdem sie in einer Fernsehsendung einen Pflegefall mit Gliederversteifung und Wundliegen gesehen hatte, geäußert hat, so wolle sie nicht enden. Daraufhin schreibt der Sohn (Betreuer) ohne vorher mit dem Pflegepersonal zu sprechen, folgende Eintragung in das im Schwesternzimmer aufliegende Verordnungsblatt: 'Im Einvernehmen mit Dr. T. möchte ich, dass meine Mutter nur noch mit Tee ernährt wird, sobald die vorhandene Flaschennahrung zu Ende ist.' Die Eintragung wird von Arzt und Sohn unterschrieben in der Annahme, dass das Pflegepersonal sich daran halten wird ..."

Der Text wurde wörtlich aus der Erläuterung des Urteils des Bundesgerichtshofs („Kemptener Urteil") übernommen. Deshalb sind einige Fachbegriffe „übersetzt" worden. Der Text geht natürlich weiter (siehe später), wurde aber bewusst an dieser Stelle abgebrochen, um den Seminarteilnehmern folgende Fragen zu stellen:

1. Welcher Aspekt dieser Geschichte löst bei Ihnen Betroffenheit aus?
2. Versuchen Sie, die Geschichte aus der Sicht der Patientin, aus der Sicht des Sohnes, aus der Sicht des Arztes und aus der Sicht des Pflegepersonals zu betrachten und zu beschreiben.
3. Welche alternativen Behandlungsmöglichkeiten gibt es in dieser Situation und was wären die jeweiligen Folgen für die Patientin?
4. Welche medizinethischen Leitwerte werden in der Geschichte berücksichtigt und wie?
5. Welche institutionellen und gesellschaftspolitischen Aspekte spielen eine Rolle?

Die Seminarteilnehmer haben sich zunächst allein mit der Geschichte und den Fragen auseinandergesetzt, später in Gruppen darüber geredet. Die Antworten auf die ersten Fragen waren vielfältig, zum Teil gegensätzlich. Am Ende der Gespräche kam es aber in der Regel zu einer einvernehmlichen Einschätzung der Situation, weil einige Teilnehmer ihre ursprünglichen Ansichten im Gespräch mit den anderen korrigiert hatten.

**a) Welcher Aspekt dieser Geschichte löst bei Ihnen Betroffenheit aus?** Hier wird nach den Gefühlen gefragt und danach, welcher Teil der Geschichte, welche Person oder welche Handlung ausschlaggebend für diese Gefühle waren. Die Gefühle der Teilnehmer bewegten sich zwischen Zorn, Entrüstung, Verärgerung, Wut und Schmerz. Hier gab es Übereinstimmung. Aber die Gründe für diese Gefühle waren sehr unterschiedlich. Einige Aussagen der Seminarteilnehmer: „Warum wurde die Patientin überhaupt wiederbelebt?", „Warum wurde eine PEG gelegt, als die Nasensonde der Patientin wegen Komplikationen nicht mehr zuzumuten war?", „Warum wurde die Nahrung erst jetzt abgesetzt und nicht schon viel früher?", „Warum hat niemand nach dem Willen der Patientin ernstlich gefragt? Vor der Wiederbelebung, spätestens danach?", „Warum wurde nicht mit dem Pflegepersonal geredet?", „Warum hat der Sohn nicht eher gehandelt?", „Die körpersprachlichen Äußerungen (Gesichtszuckungen, Knurren) wurden nicht ernst genommen!"...

**b) Versuchen Sie, die Geschichte aus der Sicht der Patientin, aus der Sicht des Sohnes, aus der Sicht des Arztes und aus der Sicht des Pflegepersonals zu betrachten und zu beschreiben.** Dabei wurden die Teilnehmenden aufgefordert, ihre Gedanken möglichst in „Ich-Form" zu formulieren. Das ist manchen naturgemäß schwer gefallen. Eine Auswahl von Aussagen: **Sicht der Patientin:** „Niemand hat mich gefragt!", „Endlich!", „Warum ausgerechnet jetzt?", „Versteht mich niemand?", „Man lässt mich allein!". **Sicht des Sohnes:** „Kann ich das entscheiden?", „Kann ich dem Arzt vertrauen?", „Hätte ich nicht schon lange handeln müssen?", „Ich habe es mir nicht leicht gemacht, habe noch einmal Freunde um Rat gefragt!". **Sicht des Arztes:** „Ich kenne die Patientin erst seit der Zeit nach der Wiederbelebung und weiß wenig über sie", „Nach so langer Zeit eines Heilversuchs kann ich von seinem Scheitern ausgehen", „Nachdem der Sohn sich nie geäußert hat, habe ich die Initiative ergriffen", „Aber ganz sicher bin ich mir auch nicht, ob es richtig ist". **Sicht des Pflegepersonals:** „Niemand redet mit uns!", „Die haben über unsere Köpfe hinweg eine Entscheidung getroffen!", „Man kann die arme Frau doch nicht einfach verhungern lassen!", „Endlich wurde eine vernünftige Entscheidung getroffen".

**c) Welche alternativen Behandlungsmöglichkeiten gibt es in dieser Situation und was wären die jeweiligen Folgen für die Patientin?** Die Teilnehmenden haben hier Antworten gegeben, die sich auch auf die Vorgeschichte beziehen, etwa Folgende: „Verzicht auf Reanimation Jahre zuvor", „Gespräche über den mutmaßlichen Patientenwillen im Vorfeld", „Einbeziehung des Pflegepersonals in die Entscheidungen", „Verzicht auf Anlage der PEG, als die Nasensonde gezogen werden musste", „So weiter machen", „Verzicht auf Behandlung von Komplikationen", „Keine Nahrung, aber Flüssigkeit", „Optimale palliative Betreuung", „Allmähliche Reduktion der Nahrungsmenge". ...

**d) Welche medizinethischen Leitwerte werden in der Geschichte berücksichtigt und wie?** Auch bei dieser Frage gab es teilweise recht unterschiedliche Auffassungen. Einigkeit bestand darin, dass das Prinzip der Gerechtigkeit in dieser Geschichte keine große Rolle spielt. Das Prinzip der Selbstbestimmung wurde zwar im Grundsatz berücksichtigt, aber nicht sorgfältig genug (Äußerungen der Patientin anlässlich einer Fernsehsendung zehn Jahre zuvor und das Gespräch des Sohnes mit Freunden über die Einstellungen der Patientin wurden von den Teilnehmenden als zu wenig angesehen). Das Prinzip der Fürsorge wurde von manchen als verletzt angesehen (kein Lebenserhalt), von anderen aber als gewahrt (keine Leidzufügung, Handlung gemäß mutmaßlichem Willen) ...

**e) Welche institutionellen und gesellschaftspolitischen Aspekte spielen eine Rolle?** Man muss sich vor Augen halten, dass sich der Fall 1993 ereignete. Damals war die Rechtslage anders als heute. Die standespolitischen „Richtlinien" der Bundesärztekammer waren sehr „paternalistisch"(der Patient wurde durch den Arzt stark bevormundet). Regeln zur Ermittlung des mutmaßlichen Willens waren noch nicht bekannt. Insofern war die Behauptung des Arztes dem Sohn gegenüber, dass es bei dem von ihm vorgeschlagenen Therapieverzicht keine rechtlichen Probleme gäbe, sehr kühn.

**f) Einschätzung der Situation.** Trotz zunächst unterschiedlicher Gefühle und Ansichten sind sich die Teilnehmenden in Folgendem einig:

1. Würde heute eine solche Situation anstehen, dann müsste der mutmaßliche Wille im Vorfeld (nach Heimaufnahme) und unter Einbeziehung aller Bezugspersonen (also auch des Pflegepersonals) ermittelt werden.
2. Sofern dieser Wille demjenigen entsprechen würde, den Arzt und Sohn unterstellt haben, wäre nach einem sehr langen und eindeutig gescheiterten Therapieversuch eine Fortsetzung lebenserhaltender Maßnahmen nicht zu rechtfertigen.
3. Unter den damaligen rechtlichen und standesrechtlichen Bedingungen war die Entscheidung sicherlich gewagt. Die mangelhafte Kommunikation zwischen Sohn bzw. Arzt und dem Pflegepersonal muss beklagt werden.

Was bei derartigen Gesprächen zu beobachten ist: Die erste gefühlsmäßige Einschätzung verändert sich, wenn man sich im Rahmen des „Perspektivenwechselns" in die Situation anderer Beteiligter versetzt.

**g) Wie ging die Geschichte weiter?** Das Pflegepersonal schaltete das Vormundschaftsgericht ein. Dies versagte die Einwilligung zur Nahrungseinstellung. Die Sondenkost wurde dementsprechend weiter verabreicht, ein anderer Arzt übernahm die Betreuung der Patientin. Das Pflegepersonal stellte außerdem Strafantrag gegen Arzt und Sohn. Beide wurden in erster Instanz wegen versuchten Totschlags verurteilt. Der Bundesgerichtshof hat dann in dieser Sache ein Urteil gefällt, das als „Kemptener Urteil" in die Rechtsgeschichte einging und wegweisend für die heutige Rechtslage geworden ist. Die beiden Angeklagten wurden damals freigesprochen. Eine Befragung von sieben Zeugen (über Äußerungen der Patientin in den zurückliegenden 30 Jahren) hatte so etwas wie einen „Roten Faden" im Leben dieser Patientin ergeben. Daraus konnte das Gericht schließen, dass es dem mutmaßlichen Willen der Patientin nicht entsprochen hätte, die lebenserhaltenden Maßnahmen weiter fortzusetzen.

Die Bundesärztekammer hat nach diesem Urteil neue Grundsätze zur ärztlichen Sterbebegleitung formuliert, die sich eng an dieses Urteil anlehnen und die für das heutige ärztliche Handeln maßgeblich sind.

## 3. Sonderfall Demenz

Entscheidungen bei **dementen Patienten** können sehr schwierig sein. Zum einen sind bei leichter und mittelgradiger Demenz manche Patienten zu eindeutigen verbalen Willensäußerungen bezüglich medizinischer Maßnahmen fähig, auch dann, wenn sie wegen Geschäftsunfähigkeit unter Betreuung stehen. Dann bedarf es häufig großer **Geduld,** um herauszufinden, was der Kranke meint und will. Leider wird die Zeit oft nicht aufgebracht, um ihm einfühlsam zu erklären, worum es geht und was zu entscheiden ist. Manchmal findet man es auch gar nicht der Mühe wert, den Willen zu erkunden. Stattdessen entscheiden dann Dritte. Gespräche mit Demenzkranken müssen oft mehrfach geführt werden, um zu klaren Einschätzungen zu kommen. Hier können Angehörige wichtige „Übersetzerdienste" leisten.

Bei fortgeschrittener Erkrankung äußern Demenzkranke ihren Willen oft nur **körpersprachlich** in Form von Körperbewegungen, „Haltungen", Gesten oder Mimik. Dann müssen Angehörige und Ärzte, Pfleger und andere gemeinsam zu klären versuchen, ob diese körpersprachlichen Bekundungen (z. B. Mundschließen beim Eingeben der Nahrung) nur einer momentanen Missstimmung, einer Angstreaktion entspringen oder auch eine echte Willensäußerung darstellen. In Zweifelsfällen kann es ratsam sein, einen Psychiater zu Rate zu ziehen (siehe 3. Kapitel).

Derartige „nonverbale" Äußerungen Demenzkranker haben, sofern sie echte Willensäußerungen sind, **Vorrang vor schriftlichen Patientenverfügungen, früher geäußerten Behandlungswünschen oder ihrem mutmaßlichen Willen.** Sich auf eine Patientenverfügung zu berufen, ohne sich die Mühe zu machen, den Willen des Betroffenen herauszufinden, wäre fahrlässig. In der Praxis sind deshalb die Äußerungen eines Kranken, seine Patientenverfügung (sofern sie vorliegt), seine früher geäußerten Behandlungswünsche und seine Lebens- und Wertvorstellungen zu berücksichtigen, um zu einer angemessenen Entscheidung zu kommen.

Problematisch sind Patientenverfügungen, die bereits an Demenz Erkrankte für sich erstellt haben. Voraussetzung ist selbstverständlich, dass diese Kranken bei der Abfassung ihrer Patientenverfügung **entscheidungsfähig** waren, also Inhalt und Tragweite ihrer Entscheidung voll erfassen konnten. Dies nachträglich zu prüfen, ist schwierig bis unmöglich. Deshalb ist es geboten, auch bei der Abfassung einer derartigen Patientenverfügung eine kompetente Beratung durchzuführen und u. U. einen Psychiater hinzuzuziehen, der die Entscheidungsfähigkeit des Betreffenden feststellen kann. Eine genaue Dokumentation der Beratung ist unerlässlich.

## 4. Sonderfall psychische Erkrankungen

Nach bisheriger Rechtslage mussten Patientenverfügungen von psychisch Kranken, die ihre Festlegungen getroffen hatten, als sie einwilligungsfähig waren, auch bei schweren Krankheitsschüben beachtet werden. Dann wurden sie zwar gemäß dem Unterbringungsgesetz auf einer geschützten Station unter Freiheitsentzug festgehalten, durften aber gemäß ihrer Patientenverfügung nicht behandelt werden. Der Gesetzgeber hat nun erlaubte Zwangsmaßnahmen bei psychisch Kranken neu geregelt. In Ausnahmefällen, in denen Patienten eine Behandlung ablehnen (oder in einer Vorausverfügung abgelehnt haben), ihnen aber gleichzeitig ohne die Behandlung ein erheblicher gesundheitlicher Schaden droht, soll eine medikamentöse Zwangsbehandlung „als letztes Mittel" erlaubt sein, um einen „schwerwiegenden gesundheitlichen Schaden" von dem Patienten abzuwenden.

Unter engen Voraussetzungen und wenn es dem Wohle des Kranken dient, kann der Vertreter in eine ärztliche Zwangsmaßnahme einwilligen. Diese bedarf ebenso wie die freiheitsentziehende Unterbringung einer Genehmigung durch das Betreuungsgericht.

# 5 Beispiele zur Ermittlung des Patientenwillens

*Die folgenden Beispiele zur Ermittlung des Patientenwillens stammen zum Teil aus den Jahren vor 2009, also der Zeit vor dem „Patientenverfügungsgesetz". Statt dem Begriff „Betreuungsgericht" wird noch der alte Begriff „Vormundschaftsgericht" verwendet. Die Fälle sind anonymisiert und beschränken sich auf wichtige Gesichtspunkte. Neben der Ermittlung des Patientenwillens geht es um die ärztliche Indikation, um Patientenverfügungen, um Behandlungswünsche und nicht zuletzt um das subjektive Patientenwohl.*

*Abschließend stellen wir Ihnen einen Fall zu Ihrer eigenen Ermittlung und Beurteilung vor, wobei wir Ihnen Vorschläge zu Strukturierung der Falldiskussion machen.*

## BEISPIEL 1

Patientenverfügung liegt vor, trotzdem Ermittlung des mutmaßlichen Willens

**Ausgangssituation:** Herr A (77 Jahre) wird nach einer großen Hirnblutung zu Hause versorgt. Auf Anregung eines Hospizhelfers bitten die Angehörigen des Patienten einen ethisch erfahrenen Arzt um Moderation einer Gesprächsrunde zur Ermittlung des mutmaßlichen Patientenwillens. Anlass ist der Umstand, dass die Leiterin des zuständigen Pflegedienstes die Patientenverfügung des Patienten nicht akzeptiert und der Hausarzt verunsichert ist.

**Gesprächsteilnehmer:** Die Betreuerin (Ehefrau), zwei Töchter und ein Sohn des Betroffenen, der Hausarzt, eine Schwester des Pflegedienstes, die Leiterin des Pflegedienstes, ein Hospizhelfer, der moderierende Arzt.

**Zur Krankengeschichte:** Vor einem halben Jahr Hirnmassenblutung, operative Entlastung, Einleitung einer maschinellen Beatmung und künstlichen Ernährung. Nach sechs Wochen Akutkrankenhaus nochmals fünf Wochen Betreuung in einer neurologischen Rehabilitationsklinik. Seit vier Monaten häusliche Betreuung mit maschineller Beatmung, künstlicher Ernährung, künstlicher Urinableitung (Blasenkatheter) und permanenter Messung der Sauerstoffsättigung. Intensive Pflege rund um die Uhr. Komplette Bettlägerigkeit bei beidseitigen Lähmungen, Muskelschwund, Kraftlosigkeit. Fragliche Minimalkommunikation (Blickkontakt? Emotionale Reaktionen beim Musizieren der Enkel am Krankenbett?). Nach vorübergehender leichter Besserung in der Rehabilitationsklinik zunehmende Verschlechterung der Hirnfunktionen. Jetzt professionelle Rund-um-die-Uhr-Pflege; zweimal wöchentlich lindernde Krankengymnastik; die Ehefrau wird von ihren Kindern und einer Hospizhelferin unterstützt, der Hausarzt kommt regelmäßig. Medikamente zur Blutdrucksenkung, zur Schleimverflüssigung, gegen Reizhusten, gegen Übelkeit. Künstliche Ernährung und Flüssigkeitszufuhr über die PEG.

**Lebenserwartung:** Der Patient ist 77 Jahre alt, seine krankheitsbedingte Lebenserwartung ist außerordentlich schlecht (Wochen bis wenige Monate). Aufgrund der sehr schweren Gehirnschädigung ist jederzeit auch bei Fortführung der momentanen Maximaltherapie mit lebensbeendenden Komplikationen zu rechnen, zumal weitere Krankheiten (chronische Lungenfunktionsstörung, Hochdruckerkrankung, schlechte Nierenleistung) fortbestehen. Die Kriterien eines „irreversiblen tödlichen Verlaufs der Grundkrankheit(en)" sind sicher erfüllt, auch wenn infolge der aufwändigen Maßnahmen unmittelbare Todesnähe noch nicht gegeben ist.

**Leidvolle Symptome:** Der Patient atmet zweimal für jeweils vier Stunden spontan. 16 Stunden am Tag wird er maschinell beatmet. Während der maschinellen Beatmung kommt es oft zu Hustenreiz. Mäßige Verschleimung der oberen Luftwege. Ohne künstliche Beatmung ist die Atmung ruhiger.

**Die Patientenverfügung** (wenige Monate vor der Hirnblutung verfasst): „...keine lebensverlängernden Maßnahmen bei lebensbedrohlicher Krankheit, die den natürlichen Tod nur hinauszögern würden." Wunsch nach Leidlinderung unter Inkaufnahme einer Lebensverkürzung.

**Frühere mündliche Äußerungen:** Ehefrau und Kinder haben wiederholt mit dem Betroffenen über derartige Krankheitssituationen gesprochen. Wichtiger Anlass waren Besuche beim Neffen der Ehefrau (Wachkomapatient seit 15 Jahren). So wie dieser Neffe wolle er nicht enden, so der häufige Kommentar des Patienten. „Ich darf meine Viecher einschläfern, aber wir Menschen müssen es auskosten." Ein anderes Mal: „Ich will einen Knödel im Mund und tot umfallen." Selbst ein Leben im Rollstuhl sei für ihn nicht akzeptabel gewesen. Darüber sei er mit der Tochter in Streit gekommen, die aus der Perspektive von Behinderten derartige Situationen anders gesehen hätte.

**Körpersprachliche Äußerungen:** Keine. Insbesondere keine Schmerzäußerungen, keine Abwehrbewegungen (z. B. bei pflegerischen Maßnahmen). Nur beim Musizieren seiner Enkel werden ganz geringe emotionale Reaktionen beobachtet.

**Wert- und Lebenseinstellungen:** Seit 14 Jahren im Ruhestand. Die Lösung vom Berufsleben sei nicht schwergefallen. Er wäre ohnehin lieber Maler geworden.

Als musischer Mensch hat er viel gemalt, aber auch gedichtet und musiziert. Das häusliche Leben hätte er Reisen vorgezogen. Er war ein Harmonietyp und konfliktscheu. Freundschaften hat er gepflegt. Über schwerwiegende Erlebnisse hat er nur selten und ungern geredet (Lebensgefährdung im Krieg wegen Fahnenflucht, Selbsttötung des Vaters). Sein Leben hat er rückblickend sehr positiv sehen können. Seit einem Autounfall vor fünf Jahren (mit Knieverletzung) hätten seine musischen Interessen zunehmend nachgelassen. Zukunftspläne hätte er keine mehr gehabt. Unerledigte Konflikte gäbe es keine. Der Patient hat sich als religiös eingeschätzt, obwohl er kein Kirchgänger war. Gespräche über ein Leben nach dem Tod im engeren Sinn habe er nie geführt. Auf leichterer Ebene habe ihn das Thema aber doch fasziniert. Allein im „Brandner Kaspar“ sei er fünfmal gewesen. Eine Grabstelle habe er allein ausgesucht, zum Testament habe ihn die Frau gedrängt. Wichtige Entscheidungen habe er immer aus dem Bauch heraus getroffen. Dabei sei für ihn seine Schicksalsgläubigkeit hilfreich gewesen.

**Fazit:** Aufgrund der jetzigen Krankheitssituation und der früheren Äußerungen des Patienten muss davon ausgegangen werden, dass der in der Patientenverfügung verwendete Begriff „Lebensbedrohliche Krankheit“ vorliegt. Ein intensiver Therapieversuch über mehrere Monate hat den Patienten zwar am Leben gehalten, muss aber im Hinblick auf die sich kontinuierlich verschlechternde Hirnfunktion als gescheitert angesehen werden. Deshalb hätte der Patient eine Fortführung lebenserhaltender Maßnahmen nicht weitergewollt. Die Fortführung dieser Maßnahmen käme dann einer vorsätzlichen Körperverletzung gleich. Die Beatmung, die ohnehin medizinisch nicht mehr indiziert ist, kann sofort eingestellt werden, ebenso die künstliche Ernährung. Dafür sollen lindernde Maßnahmen fortgeführt und optimiert werden (u. a. gute Mundpflege, geringe Flüssigkeitszufuhr). Die letzte Entscheidung hat die betreuende Ehefrau möglichst im Konsens mit allen Beteiligten zu treffen. Alle am Gespräch Beteiligten teilen diese Einschätzung. Auch die Pflegedienstleiterin erklärt, dass sie diese Entscheidung mittragen würde, obwohl sie persönlich anderer Meinung sei. Der Patient stirbt wenige Wochen später nach Wegfall lebensverlängernder Maßnahmen und Fortführung lindernder Maßnahmen.

**KOMMENTAR**

*Das Gespräch wurde trotz vorliegender aktueller Patientenverfügung anberaumt, weil die Leiterin des zuständigen Pflegedienstes der Meinung war, dass die Angehörigen Tötung auf Verlangen betreiben würden, und weil der Hausarzt zu unsicher war, um sich gegen die Meinung der Pflegedienstleiterin durchzusetzen. Um sich den Schritt zum Vormundschaftsgericht zu ersparen, wurde in einem Gespräch der maßgeblichen Bezugspersonen des Patienten der mutmaßliche Wille des Patienten ermittelt, der sich mit der vorliegenden Patientenverfügung deckt. Das Gespräch hat dem Hausarzt ausreichende rechtliche Sicherheit verschafft. Die anderen Beteiligten waren sich ohnehin von Anfang an einig, wie der Wille des Patienten zu interpretieren sei. Und die Pflegedienstleiterin konnte die Entscheidung trotz anderer persönlicher Ansichten mittragen.*

**BEISPIEL 2**

Ermittlung des mutmaßlichen Willens bei nur zeitweiliger Einwilligungsfähigkeit

**Ausgangssituation:** Frau B (95 Jahre) liegt im Krankenhaus. Ihr Sohn regt als Betreuer ein Gespräch darüber an, ob eine PEG gelegt werden soll oder nicht. Denn Frau B verweigert häufig Essen und Trinken. Neben der Nahrungsverweigerung und allgemeinen Ablehnungshaltung äußert Frau B aber auch immer wieder den Wunsch, noch weiterzuleben.

**Gesprächsteilnehmer:** Der Betreuer (Sohn der Betroffenen), dessen Tochter, die Stationsschwester und der leitende Abteilungsarzt. Das Gespräch findet im Krankenhaus statt. Zuvor hatte der leitende Arzt eingehend mit den für die Patientin zuständigen Assistenzärzten und dem Hausarzt gesprochen.

**Zur Krankengeschichte:** Seit längerer Zeit besteht eine hypertensive Herzerkrankung (Bluthochdruck mit Herzschwäche). In letzter Zeit ist es zu Unterernährung und Austrocknung gekommen, da die Patientin immer wieder Flüssigkeitszufuhr verweigert habe. Infolge der Unterernährung bestehen eine leichte Blutarmut sowie Eiweißmangel. Frau B ist häufig nicht entscheidungsfähig. Sie tendiert zu innerem Rückzug („Regression") und zu einer Ablehnungshaltung. Neben Essen und Trinken werden pflegerische Handlungen teilweise verweigert. In dieser Situation wird eine vorläufige Betreuung eingerichtet und eine Krankenhauseinweisung veranlasst. Auch im Krankenhaus werden Essen und Trinken sowie pflegerische Handlungen wie Mundpflege häufig von ihr abgelehnt und Infusionsnadeln gezogen. Eingegebene, im Mund befindliche Speisen werden oft nicht geschluckt. Meistens sind die Augen der Patientin geschlossen. Es gibt aber auch Momente, in denen Frau B nichts verweigert. Dann isst und trinkt sie gern und akzeptiert alle pflegerischen Maßnahmen.

**Lebenserwartung:** Die Patientin ist 95 Jahre alt und stark abgemagert. Ob neben ihrer häufigen Verweigerungshaltung noch andere organische Ursachen Grund für die Unterernährung sind, kann nicht sicher beurteilt werden. Die üblichen klinischen Untersuchungen ergeben keine Hinweise. Eingreifende Untersuchungen sind angesichts des schlechten Allgemeinzustandes, des hohen Alters und der Ablehnung durch die Patientin nicht indiziert. Sie ist wohl im Rahmen einer „Altersdemenz" häufig, aber nicht immer verwirrt, das Endstadium einer Demenz liegt noch nicht vor. Trotzdem hat sie eine schlechte Lebenserwartung von sicherlich nur wenigen Monaten.

**Leidvolle Symptome:** Frau B wirkt ausgezehrt; über Schmerzen oder andere fassbare Krankheitszeichen klagt sie nicht, aber sie wirkt äußerst unzufrieden und ablehnend. Wegen ihres Gesamtzustandes erhält sie eiweiß- und kalorienreiche Infusionen. Sie ist weitgehend, aber nicht komplett bettlägerig und schon seit langem auf pflegerische Hilfen (z. B. beim Waschen) angewiesen.

**Frühere mündliche Äußerungen:** Nach dem Tod ihres Mannes vor 14 Jahren hat sie einen Wunsch bezüglich eines Kleidungsstückes nach ihrem Tod geäußert. Sonst hätte sie das Thema Tod und Sterben immer vermieden. In den letzten Wochen hat sie wiederholt dem Sohn, aber auch dem Hausarzt gegenüber Angst vor dem Sterben geäußert. Sie hätte auch immer wieder zu verstehen gegeben, dass sie weiterleben wolle. Dies auch gegenüber dem Hausarzt, der in dieser widersprüchlichen Situation (Verweigerung von Essen, Trinken und Infusionen auf der einen Seite, Willensäußerungen zum Weiterleben auf der anderen Seite) eine hausärztliche Betreuung kaum noch für möglich gehalten hat. Auch im Krankenhaus zeigte sie immer wieder Willensbekundungen zum Weiterleben.

**Körpersprachliche Äußerungen:** Außer den oben beschriebenen Verweigerungen keine.

**Wert- und Lebenseinstellungen:** Frau B sei letztlich vom Leben enttäuscht worden. Das hinge vermutlich damit zusammen, dass ihr Mann 1938 Soldat wurde und erst 1952 aus der Gefangenschaft zurückgekehrt ist. Der Sohn, Jahrgang 1938, hätte ihr den Mann jahrelang ersetzen müssen. Nach Rückkehr des Ehemannes aus der Gefangenschaft Eheprobleme. Die Mutter sei sehr dominant gewesen, teilweise herrschsüchtig. Die – ohnehin sehr späte – Ablösung des Sohnes hätte sie nie verkraftet. Täglich hätte der Sohn sie besuchen müssen und selbst in den letzten Jahren hätte es wegen seiner Opernbesuche häufig Auseinandersetzungen gegeben. Krankheiten oder Behinderungen anderer hätte sie ausgeblendet. Gefühle hätte sie nie gezeigt, auch nicht nach dem Tod des eigenen Mannes. Den Friedhof hätte sie nur an Allerheiligen besucht. Der Sohn selbst, aber auch seine Tochter und seine Enkelin seien von Frau B nie gelobt worden; auch sei sie nie zärtlich gewesen. Außerhalb der Familie bestehe keinerlei Kontakt zu anderen Menschen. Ablehnung der Schwiegertochter, ebenso der jetzigen Freundin des erwachsenen Sohnes, die ihr Haus nie betreten durfte. In den letzten Jahren hätte sie häufig die Angst geäußert, dass ihr etwas weggenommen würde, insbesondere im Haus. In den letzten Wochen leichte Halluzinationen (Fehlinterpretation von Geräuschen im Haus), die mit Angst verbunden gewesen seien. Eine ihrer Ängste sei gewesen, dass ihre Enkeltochter in ihrem Hause ein Bordell eröffnen würde. Der Kirche sei sie ferngeblieben. Die Enkeltochter unterstreicht und verstärkt die Aussagen ihres Vaters: Die Großmutter sei herrschsüchtig und gelegentlich auch bösartig gewesen. Sie hätte sich zwar um Mahlzeiten und Wäsche bei ihr und ihrer Tochter gekümmert, jedoch nie um die Gefühlsseite.

**Fazit:** Offenbar hat die Tatsache, dass die Patientin vom Leben enttäuscht wurde und dass sie einen Teil ihres Lebens nicht richtig ausleben konnte (keine

Gefühlsäußerungen nach außen) dazu geführt, dass sie noch am Leben hängt, obwohl ihr der eigene Körper eigentlich Verfall und Hinfälligkeit signalisiert. Durch diese Diskrepanz erscheint die Patientin in ihrem Verhalten und ihren Äußerungen äußerst widersprüchlich. Deshalb ist die Anlage einer PEG zum jetzigen Zeitpunkt gerechtfertigt, zumal Frau B in einem ihrer klaren Momente in diesen Eingriff einwilligt. Es wird bewusst offengelassen, zu welchen Zwecken die PEG später benutzt werden soll. Wenn der Eindruck entsteht, dass Frau B nicht mehr weiterleben will, wird man sich auf die Gabe lindernder Medikamente über die PEG beschränken und auf Kalorienzufuhr verzichten. Der Sohn möchte diese Entscheidung, wenn sie aktuell wird, gemeinsam mit dem Hausarzt entscheiden. Wiederbelebungsmaßnahmen werden, sofern sie notwendig werden sollten, schon jetzt wegen der Hinfälligkeit von Frau B nicht als sinnvoll erachtet. Die Patientin erhält – mit ihrer Einwilligung, zu der sie an dem Tag des Gesprächs fähig war – die PEG, wird nach circa drei Monaten auch auf diesem Weg künstlich ernährt und stirbt ein halbes Jahr nach dem Gespräch.

**KOMMENTAR**

*Obwohl Frau B am Leben hängt und auch schon die Einwilligung zur PEG gegeben hat, wird auf Wunsch des Sohnes, der zugleich Betreuer seiner Mutter ist, ein Gespräch zum mutmaßlichen Willen und subjektiven Wohl geführt. Der Sohn wünscht Sicherheit für seine Entscheidungen bezüglich der Anlage einer PEG bzw. des weiteren Vorgehens. Das Nebeneinander von körperlichem Verfall, Verweigerungshaltung und immer wieder geäußertem Lebenswillen hatten den Sohn zutiefst verunsichert. Das Gespräch und die einvernehmliche Entscheidung konnten ihm Sicherheit verschaffen. Er konnte lebensverlängernde Maßnahmen im Hinblick auf die große Lebensenttäuschung seiner Mutter und den daraus folgenden Lebenswillen („Vielleicht kommt noch einmal etwas Besseres?“) zum jetzigen Zeitpunkt gut akzeptieren. Aber auch im Hinblick auf eventuell später zu treffende Entscheidungen gegen lebensverlängernde Maßnahmen hat er durch das Gespräch Hilfe erhalten. Da es sich nicht um das Endstadium einer Demenz gehandelt hat, war die PEG-Anlage vom Grundsatz her indiziert.*

## BEISPIEL 3

Ermittlung des mutmaßlichen Willens bei nur zeitweiliger Nichteinwilligungsfähigkeit

**Ausgangssituation:** Herr C (82 Jahre) wird in einem Pflegeheim versorgt. Bei der Erstellung eines Notfallplans sind sich Ehefrau (Betreuerin) und Sohn (Betreuer) des Betroffenen nicht einig. Auf Anregung des Sohnes findet ein Gespräch über das weitere medizinische Vorgehen (Erstellung eines Notfallplanes) gemäß dem mutmaßlichen Patientenwillen statt. Anlass sind Meinungsdifferenzen zwischen der Ehefrau und dem Sohn bei der Erstellung eines Notfallplans durch den früheren Hausarzt.

**Gesprächsteilnehmer:** Die Betreuerin (Ehefrau des Betroffenen) und der Betreuer (Sohn des Betroffenen), die Ehefrau des Sohnes, die neue Hausärztin und der moderierende Arzt.

**Zur Krankengeschichte:** Vor längerer Zeit Zwölffingerdarmgeschwür, seit 19 Jahren koronare Herzerkrankung bekannt (1. Stent damals, 2. Stent acht Jahre später). Seit dem 70. Lebensjahr unbedeutende Hüftprobleme. Zwei Ohroperationen, Netzhautablösung. Vor sieben Jahren Skiunfall mit komplizierten Wirbelkörperbrüchen (zweimalige Operation in Unfallklinik). Seit dieser Zeit dauerhafte Opiatbehandlung (Gabe morphiumähnlicher Substanzen), Stimmbandprobleme. Vor vier Jahren Achillessehnenanriss. Seit einem Jahr „vertebrobasiläre Insuffizienz“ (Schwindel als Folge von Durchblutungsstörungen). Vor acht Monaten Sturz vom Stuhl mit Schädelbruch und Hirnblutung. Aufenthalt in mehreren Kliniken und Rehaeinrichtungen. Langzeitbeatmung nach Luftröhrenschnitt. Infektion mit einem multiresistenten Keim. Großes neurologisches Defizit (mühsamer Kontakt zur Umwelt, immer wieder deutliche Willensäußerungen, häufiges Verschlucken mit Hustenanfällen, nur zeitweilig wenige Schritte bzw. Sitzen im Stuhl während der Krankengymnastik möglich bei weitgehender Bettlägerigkeit). Seit vier Monaten Pflegeheim (künstliche Nahrungs- und Flüssigkeitszufuhr, Windel wegen Inkontinenz, häufiges Absaugen durch die Trachealkanüle (Kunststoffröhre in Luftröhre).

**Lebenserwartung:** Der seit 20 Jahren gefäßkranke Patient (Hirn- und Herzkranzdurchblutungsstörungen) hat infolge eines schweren Schädelhirntraumas große neurologische Defizite (Ausfälle) sowie Anzeichen einer leichten Demenz. Infolge schwerer Schluckstörungen kommt es immer wieder zu Infekten der Luftwege, die besonders gefährlich sind, weil der Patient Träger eines multiresistenten Keims ist. Das Risiko eines erneuten Gefäßereignisses ist groß, ebenso das einer lebensgefährlichen Lungenentzündung infolge Aspiration von Magensaft. Insofern ist die Lebenserwartung insgesamt als schlecht (Größenordnung: Monate) einzustufen.

**Leidvolle Symptome:** Die dauerhafte Schmerzproblematik ist mit Hilfe von Opiaten gut unter Kontrolle zu bringen. Verschleimung und Hustenanfälle, die auch mit Brechreiz einhergehen, machen dem Patienten schwer zu schaffen. Am meisten leidet er unter seiner stark eingeschränkten Mobilität. Seit dem Skiunfall depressive Zustände.

**Frühere mündliche Äußerungen:** Schon vor Jahren habe sich Herr C anlässlich des Besuchs eines früheren Kollegen mit Alzheimererkrankung in einem Pflegeheim dahingehend geäußert, dass er so nicht leben wolle. Nach dem Skiunfall vor sieben Jahren, als ihm sein geliebtes Skifahren, Bergsteigen, Wandern, Radeln und Camping nicht mehr möglich war, hat er dem damaligen Hausarzt gegenüber geäußert: „Das ganze Leben macht keinen Spaß mehr". Im Pflegeheim geplante Krankenhauseinweisungen habe er kategorisch abgelehnt. Den Tod der eigenen Mutter, die mit 95 Jahren „sanft" gestorben sei, fand er schön.

**Körpersprachliche Äußerungen:** Seit dem Schädelhirntrauma immer wieder Verweigerung von Krankengymnastik oder Mundpflege; der Gebrauch der Sprechkanüle, die während der Reha noch genutzt wurde, wird jetzt abgelehnt. In der Reha hat er einmal die Luftröhrenkanüle gewaltsam entfernt. Die Angehörigen haben den Eindruck, dass Herr C die Kommunikation gelegentlich bewusst verweigert, „obwohl er könnte".

**Wert- und Lebenseinstellungen:** Herr C war von 1939–1945 Kriegsteilnehmer, danach kurz in Gefangenschaft. In dieser Zeit nach Einschätzung der Ehefrau keine belastenden Ereignisse. Beruflich war Herr C mit Leib und Seele Automechaniker. Er musste allerdings schon mit 61 Jahren in Rente gehen, weil sein Chef den Betrieb aufgegeben hat. Aber Herr C hat weiterhin „Werkstattluft geschnuppert" und sich bis vor einem Jahr um Oldtimer gekümmert. Bergsteigen und Skifahren hat er gepflegt; war zehn Jahre Vorsitzender der örtlichen Alpenvereinssektion und hatte hier seinen Freundeskreis. Insgesamt war Herr C mit seinem Leben zufrieden. Er war Optimist, war gern unter Leuten und ist viel verreist. Er war immer „voller Elan", habe aber auch gut „einstecken" können. Selbst nach dem schweren Skiunfall hat er immer noch versucht, das Beste daraus zu machen – trotz gelegentlicher Depressionen. Selbst in der „Reha" nach dem schweren Schädelhirntrauma war anfänglich dieser Optimismus noch vorhanden gewesen; seit rund fünf Monaten ist er ihm jedoch völlig abhandengekommen. Seit dem Skiunfall habe er gelernt, sich auch helfen zu lassen. Über den eigenen Tod, ein Leben nach dem Tod oder Beerdigungswünsche habe er nie gesprochen. Die Kirche wurde an hohen Feiertagen besucht, an normalen Sonntagen habe er seine Frau in die Kirche geschickt. Eigene Ängste seien nie geäußert worden.

**Fazit:** Obwohl Herr C unter Betreuung steht, ist er häufig durchaus in der Lage, seinen Willen zu äußern. Während der Rehamaßnahmen war ihm bewusst, dass er wegen seiner massiven Schluckstörungen künstlich ernährt wird. Offensichtlich war er damit auch einverstanden. Allerdings sträubt er sich seit Monaten vehement gegen Krankenhauseinweisungen. Solange Herr C seinen Willen äußern kann, hat dieser Wille Vorrang vor allen anderen Überlegungen. Allerdings sollte auch aktiv immer wieder auf seine Willensäußerungen im Hinblick auf medizinische Maßnahmen geachtet werden. Zum gegenwärtigen Zeitpunkt lässt sich nicht sicher entscheiden, ob Herr C. in die derzeit durchgeführten Maßnahmen wirklich einwilligen würde oder nicht. Wenn keine Einwilligungsfähigkeit mehr gegeben ist, eine Kontaktaufnahme nicht mehr möglich ist und Herr C nur noch ans Bett gefesselt ist, würde es seinen Lebensvorstellungen wohl nicht entsprechen, ihn weiterhin mit lebenserhaltenden Maßnahmen künstlich am Leben zu halten. Möglicherweise würde er einen solchen Wunsch auch schon vor Eintritt der endgültigen Nichteinwilligungsfähigkeit äußern. Dann wäre die Fortsetzung lebenserhaltender Maßnahmen gegen seinen Willen als strafbare Körperverletzung anzusehen. Schon jetzt wäre eine Krankenhauseinweisung bei Eintritt von Komplikationen nicht mehr vom Willen des Patienten gedeckt.

Es wird empfohlen, einen entsprechenden Notfall-Behandlungsplan zu erstellen und die körpersprachlichen und sonstigen Äußerungen von Herrn C sorgfältig zu dokumentieren. Das Pflegeheim teilt nach Zustellung der Gesprächsdokumentation dieses Fazit. Herr C stirbt nach rund vier Monaten im Heim an einer wiederholten Lungenentzündung – ohne Krankenhauseinweisung, die im Konsens aller Beteiligten abgelehnt worden war. Die künstliche Ernährung war aufrechterhalten worden, weil davon auszugehen war, dass Herr C weiterhin in diese einwilligt. Der betreuende Sohn sagt rückblickend, dass das Gespräch samt Dokumentation für das Vorgehen äußerst hilfreich gewesen sei.

**KOMMENTAR**

*Das Gespräch konnte zu einem Einvernehmen zwischen betreuender Ehefrau und betreuendem Sohn viel beitragen. Da zum Zeitpunkt der Gesprächsrunde Herr C häufig einwilligungsfähig war, ging es zunächst darum, seine Äußerungen wirklich ernst zu nehmen und gleichzeitig die Weichen für das zukünftige Vorgehen zu stellen. Entsprechend dem Gesprächsergebnis wurde zuletzt auf Krankenhauseinweisung im Rahmen einer Lungenentzündung verzichtet, sodass der Patient friedlich im Heim sterben konnte.*

**BEISPIEL 4**

Ermittlung des mutmaßlichen Willens bei fortgeschrittener Demenz

**Ausgangssituation:** Frau E (87 Jahre) lebt seit zehn Jahren im Pflegeheim. Sie isst und trinkt immer weniger, sodass sich die Frage nach Anlage einer Magensonde durch die Bauchdecke (PEG) stellt. Hausarzt und Betreuer (Sohn der Patientin) sind sich unsicher, da keine Patientenverfügung vorliegt und kommen überein, eine Gesprächsrunde zur Ermittlung des mutmaßlichen Willens einzuberufen.

**Gesprächsteilnehmer:** Betreuer (Sohn der Betroffenen), Hausarzt, zwei Pflegekräfte des Heimes, die die Patientin gut kennen, die Heimleiterin und ein ethisch erfahrener Arzt zwecks Moderation.

**Zur Krankengeschichte:** Frau E ist seit vielen Jahren dement, seit einem Jahr komplett bettlägerig und inkontinent (fehlende Kontrolle über Urin- und Stuhlabgang). Ihre Kommunikationsfähigkeit ist praktisch erloschen. Alle Extremitäten sind dauerhaft in Beugestellung (Kontrakturen) versteift. Ständige Unruhe. Sie isst und trinkt trotz intensiver Zuwendung immer weniger.

**Lebenserwartung:** Bei hohem Alter und weit fortgeschrittener Demenz ist die Lebenserwartung äußerst gering.

**Leidvolle Symptome:** Die Beugekontrakturen sind äußerst schmerzhaft. Die Schmerzen können aber mit mehrfach am Tag verabreichten Morphiumgaben gut kontrolliert werden. Die große und leidvolle Unruhe ist durch Beruhigungsmittel gut zu beeinflussen.

**Frühere mündliche Äußerungen:** Zu medizinischen Maßnahmen am Lebensende hat sich Frau E nie geäußert. Auch nicht im Zusammenhang mit vergleichbaren Schicksalen anderer Menschen.

**Körpersprachliche Äußerungen:** Keine

**Wert- und Lebenseinstellungen:** Frau E hat alle ihre Lebenskrisen sehr eigenständig, kraftvoll und realistisch gemeistert. Sie hat sich innerhalb und außerhalb der Familie für andere engagiert und war bestrebt, auf die Hilfe anderer zu verzichten. Als im Laufe ihrer Demenz immer mehr Fremdbestimmung und Hilfe durch andere nötig wurde, hat sie sich, solange sie konnte, im Heim massiv dagegen gewehrt.

**Fazit:** Es besteht Konsens darüber, dass Frau E nicht in die Anlage einer PEG zwecks künstlicher Ernährung einwilligen würde, wenn eine solche in Zukunft notwendig werden sollte. Allerdings wird dem betreuenden Sohn nahegelegt, mit seinem jüngeren Stiefbruder, der die Beziehungen zu seiner Mutter abgebrochen hatte und sie nie im Heim besucht hatte, Kontakt aufzunehmen und ihn in seine Überlegungen mit einzubeziehen. Dieser Kontakt wird hergestellt. Der Stiefbruder besucht seine

Mutter und umarmt sie innig. Vermutlich hat sie ihn – bei aller scheinbaren Kommunikationsunfähigkeit – emotional „erkannt". Seit dieser Zeit isst und trinkt sie rund ein Jahr lang wesentlich besser. Als sie nach einem Jahr allmählich das Essen und Trinken einstellt, darf sie ohne PEG und ohne Einschaltung des Vormundschaftsgerichts sterben.

**KOMMENTAR**

*Nach heutiger Einschätzung besteht im Endstadium einer Demenz keine ärztliche Indikation für das Anlegen einer PEG zwecks Flüssigkeits- und Nahrungszufuhr. Insofern wäre die Gesprächsrunde heutzutage eigentlich überflüssig. Der Fortgang zeigt jedoch, wie wichtig derartige Gespräche und die Einbeziehung aller wichtigen Bezugspersonen des Betroffenen sein können. Lieber ein Gespräch zu viel als zu wenig!*

**BEISPIEL 5**

Ermittlung des mutmaßlichen Patientenwillens wegen Nichteinwilligungsfähigkeit bei kurz zurückliegenden Willensäußerungen

**Ausgangssituation:** Frau F (72 Jahre) wurde sieben Wochen in verschiedenen Kliniken, teilweise auf Intensivstationen, behandelt. Wiederholte maschinelle Beatmung, zuletzt während eines Aufenthalts in einer spezialisierten Rehaklinik Wiederbelebung mit nachfolgendem schweren Hirnschaden infolge Sauerstoffmangels. Vor der Verlegung in die Rehaklinik (zehn Tage zuvor) hatte die Patientin wiederholt geäußert, dass sie eine nochmalige maschinelle Beatmung als letzte Behandlungsmöglichkeit ablehnen würde. Diese Willensäußerung war im Verlegungsbrief an die Rehaklinik jedoch nicht weitergegeben worden. Nach Rückverlegung auf die Intensivstation des Heimatkrankenhauses stellt sich die Frage nach dem weiteren Vorgehen.

**Gesprächsteilnehmer:** Ehemann der Patientin, Nichte der Patientin und deren Mann, ärztlicher Leiter der Intensivstation. Der früher behandelnde Lungenfacharzt war zuvor telefonisch kontaktiert worden. Eine Betreuung wurde noch nicht eingerichtet.

**Zur Krankengeschichte:** Seit 15 Jahren schwere chronische Bronchitis und Emphysem (Blählunge) mit asthmatischen Beschwerden und schwerer Schädigung der rechten Herzhälfte. Zusätzlich Hochdruckerkrankung mit Belastung der linken Herzhälfte. Langjährige Depression mit Neigung zu Panikattacken. Seit zehn Jahren häusliche Sauerstoffversorgung, seit zwei Jahren rund um die Uhr. Tragbares Sauerstoffgerät seit fünf Jahren. Seit dieser Zeit fünfmalige Krankenhausaufenthalte. Seit zwei Jahren zusätzliche Psychotherapie. Eine wiederholt vorgeschlagene Heimbeatmung mit Maske wurde von Frau F immer abgelehnt. Vor sieben Wochen Notarzteinsatz, Intensivbehandlung, maschinelle Beatmung. Nach Entwöhnung vom Beatmungsgerät Betreuung auf Normalstation. Hier Schenkelhalsbruch, der operativ versorgt wird. Die später angeordnete Krankengymnastik (Gehübungen) wird häufig verweigert, Fahrten im Rollstuhl werden als extrem belastend empfunden. Nur mit Mühe ist Frau F dazu zu bewegen, in Rehabilitationsmaßnahmen einzuwilligen. Wenige Tage nach Verlegung in die Rehabilitationsklinik drastische Verschlechterung mit Herz-Kreislaufversagen. Wiederbelebung, Intensivbehandlung mit maschineller Beatmung, herzstützenden Medikamenten in hoher Dosis und Gabe von starken Mitteln gegen lebensbedrohliche Herzrhythmusstörungen. Feststellung eines schweren Hirnschadens. Verlegung auf die Intensivstation des Heimatkrankenhauses.

**Lebenserwartung:** Es handelt sich bei der Krankheit von Frau F um das Endstadium einer schweren chronischen Lungen- und Herzerkrankung, die in den letzten acht Wochen immer wieder intensivmedizinische Maßnahmen einschließlich Wiederbelebungsmaßnahmen, Luftröhrenschnitt und maschineller Beatmung notwendig gemacht hat. Der Sauerstoffgehalt ihres Blutes ist chronisch erniedrigt. Trotz aller Maßnahmen ist eine wesentliche Besserung der Gesamtsituation nicht zu erwarten. Insofern ist die Lebenserwartung sehr gering. Ohne künstliche Beatmung ist mit einem baldigen Tod zu rechnen. Hinzu kommt ein schwerer Hirnschaden im Sinne eines beginnenden Wachkomas.

**Leidvolle Symptome:** Wegen der Gehirnsituation ist schwer zu entscheiden, wie leidvoll der eigene Zustand von Frau F empfunden wird bzw. ob er überhaupt noch empfunden werden kann. Auf jeden Fall kommt es beim

Weglassen von Schmerz- und Beruhigungsmitteln wiederholt zu Unruhezuständen, die ihrerseits asthmaartige Luftnot auslösen. Unter der Gabe von Morphin und Beruhigungsmitteln in niedriger Dosis ist die Atmung ruhig und die Sauerstoffsättigung besser.

**Frühere mündliche Äußerungen:** Wiederholte Ablehnung nicht eingreifender Beatmungsformen (Maskenbeatmung ohne Luftröhrenschnitt) in den letzten acht Wochen gegenüber verschiedenen Personen. Ablehnung einer eingreifenden maschinellen Beatmung mit Luftröhrenschnitt als letzte Behandlungsmöglichkeit rund 10 Tage vor den letzten Wiederbelebungsmaßnahmen. Die Nichte hat einen Tag vor den Wiederbelebungsmaßnahmen in der Rehaklinik mit Frau F telefoniert, um einen Besuchstermin zu vereinbaren. Die Tante hätte den Besuch abgelehnt, da sie ohnehin in allernächster Zeit sterben würde.

**Körpersprachliche Äußerungen:** Keine

**Wert- und Lebenseinstellungen:** Für Frau F war privat und beruflich die Kommunikation mit Menschen außerordentlich wichtig. Sie war es gewohnt, diese Kommunikation zu steuern. Auch als sie ständig mit Sauerstoffgaben leben musste, „hatte sie – wie immer im Leben – alle Fäden in der Hand." Ein Leben ohne Kommunikation mit Menschen (die sie weitgehend zu bestimmen versucht hat) war für sie undenkbar. Deshalb hat sie Einschränkungen ihrer Kommunikationsmöglichkeiten (wie Maskenbeatmung oder maschinelle Beatmung mit Luftröhrenschnitt) vehement abgelehnt. Naturerlebnisse waren für sie unwichtig.

**Fazit:** Frau F befindet sich nach einem langjährigen, fortschreitenden Lungen- und Herzleiden nach mehrfachen Beatmungen vermutlich in einem beginnenden Wachkoma. Sie wird seit acht Wochen ununterbrochen stationär, meist intensivmedizinisch behandelt. Die letzte Wiederbelebung und die Einleitung einer neuerlichen Beatmung, ohne die die Patientin sehr schnell sterben würde, ist gegen den zehn Tage zuvor mündlich geäußerten Willen („Behandlungswünsche") durchgeführt worden, weil den zu diesem Zeitpunkt Handelnden von diesem Willen nichts bekannt war. Zusätzlich ist nach der letzten Wiederbelebung ein massiver Hirnschaden eingetreten. Der Zeitraum ist zwar noch zu kurz, um über den weiteren Verlauf dieses Schadens verbindliche Aussagen treffen zu können; die Entwicklung eines Wachkomas ist jedoch zu erwarten. Zur Kommunikation in der Weise, wie sie Frau F gewohnt war, wird sie sicherlich nie mehr in der Lage sein. Aufgrund der eindeutigen Äußerungen der Patientin zu künstlichen Beatmungsmaßnahmen und im Hinblick auf ihre Einstellung gerade in Bezug auf ihre Kommunikationsmöglichkeiten mit anderen Menschen ist davon auszugehen, dass Frau F in eine Fortsetzung lebenserhaltender Maßnahmen, insbesondere intensivmedizinischer Maßnahmen, nicht einwilligen würde. Deshalb werden nur noch lindernde Maßnahmen ergriffen: Geringe Flüssigkeitszufuhr, Gabe von Morphin und Beruhigungsmitteln in niedriger Dosierung, asthmalindernde Substanzen, pflegerische Maßnahmen (Mundpflege, Aromatherapie etc.). Verzicht auf weitere Untersuchungen, Entfernung der Magensonde und des arteriellen Messkatheters, Beendigung der Therapie mit Antibiotika, Rhythmus-stabilisierenden Medikamenten und Blutverdünnungsmitteln. Begleitung durch die Angehörigen. Nach diesem „Therapiezielwechsel" (Linderung statt Lebenserhalt) ruhige Atmung (ohne Maschine!), fehlende Unruhe. Keinerlei Kontaktaufnahme möglich („Blick ins Leere"), aber geöffnete Augen am Tag. Nach zehn Tagen Eintritt des Todes ohne nennenswerten „Todeskampf".

**KOMMENTAR**

*Die zeitnahe Ablehnung künstlicher Beatmungsmaßnahmen durch Frau F ist nach der gültigen Rechtslage als „Behandlungswunsch" wie eine schriftliche Patientenverfügung ernst zu nehmen und hat volle Gültigkeit. Die Nichtweitergabe dieser mündlichen Willens-bekundung im Verlegungsbrief in die Rehaklinik ist leider immer noch symptomatisch für den Umgang vieler Ärzte mit solchen Willensbekundungen. Der ursprünglich mehrfach geäußerte Patientenwille wurde erst nach Rückverlegung in das Heimatkrankenhaus bekannt bzw. ernst genommen. Die Umsetzung dieser Willensäußerung erfolgte dann einvernehmlich im Rahmen eines Gesprächs zwischen verantwortlichem Arzt und den wichtigsten Bezugspersonen der Patientin. Der lange Krankheitsverlauf und die Lebenseinstellungen von Frau F ließen ihren Willen verständlich und nachvollziehbar werden.*

**BEISPIEL 6**

Ermittlung des mutmaßlichen Willens nach langfristiger künstlicher Ernährung bei Demenz und Parkinsonsyndrom

**Ausgangssituation:** Frau H (92 Jahre) wird seit rund fünf Jahren wegen Schluckbeschwerden über eine Magensonde (PEG) künstlich mit Nahrung und Flüssigkeit versorgt. Die Söhne (einer von ihnen ist ihr Betreuer) und der Hausarzt arrangieren ein Gespräch der wichtigsten Bezugspersonen, in dem geklärt werden soll, ob die Fortsetzung lebenserhaltender Maßnahmen noch dem Willen der Patientin entspricht.

**Gesprächsteilnehmer:** Der Betreuer (Sohn der Betroffenen), sein Bruder, ihr Hausarzt, die Bezugspflegekraft und die für Frau H zuständige Abteilungspflegekraft des Pflegeheims, der moderierende Arzt.

**Zur Krankengeschichte:** Vor 25 Jahren Verkehrsunfall mit lebensgefährlichen Verletzungen (Milzriss). Seit vielen Jahren leidet Frau H an einer zunehmenden Demenz und einem Parkinsonsyndrom. Nach einem vierteljährlichen Aufenthalt in einer psychiatrischen Klinik vor sechs Jahren lebt die Patientin in einem Pflegeheim. Zum damaligen Zeitpunkt keine zeitliche und örtliche Orientierung möglich, Erkennen bekannter Menschen noch möglich. Die anfängliche Fähigkeit, im Gehwagen zu laufen, sei schnell verschwunden; seit drei Jahren komplette Bettlägerigkeit. Vor fünf Jahren PEG-Anlage, zunächst zwecks Flüssigkeitszufuhr wegen Schluckstörungen, seit drei Jahren auch zur kompletten Nahrungszufuhr. Nur anfangs zusätzliches Eingeben einzelner Speisen möglich; dann schnelles Nachlassen des Hungergefühls. Zuletzt Verweigerung der Patientin, auch nur ein wenig Fruchtjoghurt vom Löffel abzulecken. Gestörter Tag-Nacht-Rhythmus, Neigung zu Brechreiz, Verschleimungsprobleme, Abwehr von Mundpflege. Keine auffälligen Schmerzäußerungen. Insgesamt kontinuierliche Verschlechterung des Gesamtzustands seit Heimaufnahme, besonders seit dem Tod des Ehemanns vor fünf Jahren.

**Lebenserwartung:** Die alters- und krankheitsbedingte Lebenserwartung bei Frau H ist stark begrenzt („wenige Monate"). Seit einiger Zeit wird zeitweise eine ausgeprägte periodische Atmung mit Atempausen bis zu 90 Sekunden beobachtet, andere Male ist die Atmung schnell und flach.

**Leidvolle Symptome:** Atemstörungen, Verschleimung (Abhusten noch möglich), Brechreiz, komplette Bettlägerigkeit, Muskelspastik im Rahmen des Parkinsonsyndroms mit massiven Muskelkrämpfen. Dennoch nur wenig Schmerzäußerungen.

**Frühere mündliche Äußerungen:** Nach dem Verkehrsunfall vor 25 Jahren hat Frau H längere Zeit zwischen Leben und Tod geschwebt. In dieser Zeit Äußerung gegenüber dem einen Sohn: „Wenn ich alt bin und mir passiert so etwas noch einmal, dann lasst mich sterben." Als die Schwiegermutter eines Sohnes schlimm erkrankt war, habe sie geäußert: „Dann ist's besser, man stirbt gleich." Angesichts der Demenzerkrankung einer jüngeren Schwester hat Frau H vor rund 17 Jahren gesagt: „So möchte ich einmal nicht sein müssen." Und kurz nach Einlieferung ins Heim vor sechs Jahren: „Lasst mich sterben."

**Körpersprachliche Äußerungen:** Die Einstellung der Nahrungszufuhr vor Jahren und die permanente Abwehr von Mundpflege könnte mit Einschränkung auch als körpersprachliche Willensäußerung interpretiert werden.

**Wert- und Lebenseinstellungen:** Die Mutter von Frau H war ebenfalls dement, hat aber in der Familie gelebt. Nach außen sei davon nichts bekannt geworden. Während des Krieges und auch danach lastete die Verantwortung für ihre zwei Söhne auf ihren Schultern. Als typische „Trümmerfrau" hat sie ihre Familie ernährt und dabei viel Energie entfaltet. Sie konnte einstecken, hatte Nehmerqualitäten. Ab 1956 konnte ihr Mann wieder bei der Bundeswehr arbeiten. Ihm war wichtig, allein für die Familie zu sorgen. So verzichtete sie auf ihre Berufstätigkeit „um des lieben Friedens willens". Innerlich habe ihr das aber zu schaffen gemacht. Zu Beginn ihrer Krankheit sei es wohl deshalb auch einmal zu einem emotionalen Ausbruch gekommen. Insgesamt war ihre Einstellung zum Leben positiv. Sie habe immer versucht, alles für sich selbst zu regeln. Hilfe von anderen habe sie nicht gern angenommen. Nach der Pensionierung habe ihr Mann das „Regiment" im Haushalt übernommen, um sie zu schonen. Sie habe gute Miene dazu gemacht, aber eigentlich habe das nicht ihren Wünschen entsprochen.

Enge religiöse Bindungen hatte sie keine; auch zu einem Leben nach dem Tod habe sie sich nie geäußert.

**Fazit:** Es besteht Konsens darüber, dass die Fortsetzung lebensverlängernder Maßnahmen bei Frau H nicht ihrem mutmaßlichen Willen entsprechen würde. Da es sich um das Endstadium einer Demenz handelt und das Hungergefühl seit über zwei Jahren aufgehoben ist, bezieht sich diese Feststellung auch auf die künstliche Ernährung. Das Krankheitsbild ist weit fortgeschritten, trotz vieler Therapieversuche hat sich der Zustand laufend verschlechtert. Obwohl nennenswerte Schmerzäußerungen nicht beobachtet werden, ist wegen der Spastik doch von einem erheblichen Leidensdruck auszugehen. Die permanente Abwehr von Mundpflege ist ebenfalls ein Hinweis auf den Wunsch, in dieser Situation nicht mehr weiterleben zu wollen, vielleicht auch Ausdruck einer Grundeinstellung gegenüber fremder Hilfe und Fremdbestimmung, die sich Frau H so sicherlich nie gewünscht hat. Der betreuende Sohn erkundigt sich abschließend bei den Pflegekräften, ob es auch für sie in Ordnung gehe, da sie ja seine Mutter jahrelang mit künstlicher Nahrung versorgt hätten und eine intensive Beziehung zu ihr aufgebaut hätten. Die Pflegekräfte bejahen das ausdrücklich.

**KOMMENTAR**

*Die Anlage der PEG fünf Jahre zuvor war wegen Schluckstörungen notwendig geworden, die nicht auf die damals mittelgradige Demenz, sondern auf das Parkinsonsyndrom zurückzuführen waren. Zwischenzeitlich konnte Frau H sogar wieder essen, allerdings nicht trinken. Später haben Appetit und Hungergefühl jedoch allmählich nachgelassen und sind seit mindestens zwei Jahren völlig erloschen. Das wiederum ist das typische Merkmal einer Demenzerkrankung im Endstadium. Aber:* Nach heutiger medizinischer und ethischer Erkenntnis gibt es im Endstadium der Demenz keine medizinische Indikation für eine künstliche Ernährung. Die Fortsetzung der Ernährung war damals jedoch nachvollziehbar, weil zunächst schwierig zu entscheiden war, ob Schluckstörungen oder das Fehlen des Hungergefühls die Ursache für die Verweigerung des Schluckens war. Die vor 17 und 25 Jahren zuvor geäußerten „Behandlungswünsche" waren wegen der großen Zeitspanne, die Äußerung vor sechs Jahren („Lasst mich sterben") anlässlich der Heimeinweisung wegen Demenz als zu wenig rechtlich abgesichert erschienen. Juristisch gibt es keinen Unterschied zwischen Nichtbeginn oder Abbruch lebenserhaltender Maßnahmen. Auch ethisch kann der Abbruch eines erfolglosen Heilversuchs nicht schlechter eingestuft werden als der Verzicht auf den Heilversuch. Aber psychologisch gibt es sehr wohl Unterschiede zwischen dem Verzicht auf lebenserhaltende Maßnahmen und dem Abbruch jahrelanger „Zuwendung". Deshalb ist es wichtig, diesen Aspekt zu thematisieren, um möglichen Schuldgefühlen vorzubeugen. Allen Beteiligten sollte es dahr klar sein, dass es weniger darum geht, etwas „abzubrechen" als vielmehr darum, etwas nicht mehr fortzusetzen, was der Betroffene ganz gewiß ablehnte. Wir haben uns leider daran gewöhnt, in diesem Zusammenhang meist nur über das „Unterlassen" zu diskutieren statt das „Tun" zu rechtfertigen.

**BEISPIEL 7**

Willensermittlung bei leichter Demenz

**Ausgangssituation:** Bis vor drei Monaten hat Frau J (90 Jahre) noch allein gelebt. Als ihr dies nicht mehr möglich war, hat ihre Schwiegertochter sie bei sich aufgenommen und betreut. Jetzt hat der Appetit nachgelassen, häufig wolle sie nicht trinken. Infusionen zum Ausgleich der zu geringen Flüssigkeitszufuhr würde sie energisch ablehnen. Gelegentlich sei sie verwirrt und sehr vergesslich, sodass nicht klar sei, ob sie die Tragweite ihrer Wünsche (keine Infusionen oder künstliche Ernährung auch dann, wenn sie überhaupt nichts essen und trinken will) überblicken würde. Deshalb wird ein klärendes Gespräch anberaumt. Eine Betreuung wurde bislang nicht eingerichtet.

**Gesprächsteilnehmer:** Frau J, ihre Schwiegertochter und deren Lebensgefährte, ihre Tochter, der moderierende Arzt.

**Zur Krankengeschichte:** Frau J kann sich seit wenigen Monaten nicht mehr selbst versorgen. Ihr Bluthochdruck ist zufriedenstellend eingestellt. Aber seit

Aufgabe ihrer eigenen Wohnung lässt ihr Appetit und Durstgefühl deutlich nach. Sie ist abgemagert und ihre körperlichen Kräfte lassen nach. Sie ist sehr vergesslich geworden, gelegentlich auch verwirrt. Es treten auch Angstepisoden auf.

**Lebenserwartung:** Es besteht der Eindruck, dass sich ein erfülltes Leben nach 90 Jahren dem Ende zuneigt. Bei Sicherstellung von Nahrungs- und Flüssigkeitszufuhr dürfte die Lebenserwartung in der Größenordnung von Monaten zu veranschlagen sein.

**Leidvolle Symptome:** Unter Hunger- oder Durstgefühl leidet Frau J nicht, Schluckstörungen bestehen nicht. Im Rahmen der leichten Demenz kommt es aber gelegentlich zu Angstepisoden, die medikamentös leicht zu beherrschen sind. Seelisches Leid wird am ehesten durch das Abhängigkeitsgefühl von anderen und durch die Unfähigkeit, sich selbst zu versorgen, erzeugt.

**Mündliche Äußerungen:** Frau J ist zum Zeitpunkt des Gesprächs klar, munter, sehr präsent und offenbar zufrieden. Fragen werden verstanden und klar beantwortet. Auf die Frage, ob sie in Zeiten, in denen sie zu wenig trinkt, mit der Gabe von Infusionen einverstanden sei, macht sie energisch und unmissverständlich klar, dass sie das nicht wolle. Wenn sie dann infolge mangelnder Flüssigkeitszufuhr sterben würde, ginge das für sie in Ordnung. Ihre Angehörigen bestätigen, dass sie sich in dieser Weise in den letzten Wochen häufig geäußert hätte.

**Körpersprachliche Äußerungen:** Keine

**Wert- und Lebenseinstellungen:** Frau J hat ein erfülltes Leben hinter sich. Sie sei immer sehr selbstständig gewesen und habe sich, solange sie allein gelebt hat, von der eigenen Familie nie helfen lassen. Um Ärzte habe sie immer einen großen Bogen gemacht. Von Krankenhaus- oder Heimeinweisungen habe sie nichts wissen wollen. Diese Einstellung passt nach Ansicht von Tochter und Schwiegertochter zu früheren Äußerungen, ihrer Lebensauffassung und Lebensführung. Insofern ist es jetzt für Frau J sehr schwierig, die ständige Hilfe durch Schwiegertocher und Tochter anzunehmen. Sie spürt, dass ihr langes Leben zu Ende gehen wird, und akzeptiert dies auch.

**Fazit:** Die wiederholt gemachten Willensbekundungen von Frau J sind als aktueller und wirklicher Wille trotz beginnender Demenz anzusehen. Die Anlage von Infusionen oder jede andere Art der künstlichen Flüssigkeits- und Nahrungszufuhr gegen diesen Willen käme vorsätzlicher Körperverletzung gleich. Solange es geht, soll Frau J häufig kleine Mengen an Essen und Getränken möglichst abwechslungsreich angeboten werden, ohne dabei Druck auf sie auszuüben. An Tagen geringer Flüssigkeitszufuhr soll das wegen des Bluthochdrucks eingesetzte Entwässerungsmittel nicht gegeben werden. Nach einigen Wochen erklärt sich Frau J bereit, in das Pflegeheim am Wohnort der Tochter zu ziehen. Sie fühlt sich dort wohl und hat nicht mehr das Gefühl, ihren Angehörigen zur Last zu fallen. Sie isst und trinkt wieder besser und stirbt nach ungefähr zwölf Monaten eines natürlichen Todes.

**KOMMENTAR**

*Auch leicht bis mittelgradig Demente können ihren Willen klar und deutlich zu verstehen geben und sind in der Lage, die Tragweite ihrer Entscheidungen zu begreifen. Allerdings bedarf es häufig einfühlsamen Nachfragens und großer Geduld. In solchen Situationen empfiehlt sich immer ein ergänzendes Gespräch über frühere Lebenshaltungen, Einstellungen und Wertvorstellungen der Betroffenen. Auch sollten körpersprachliche Äußerungen gut beobachtet und berücksichtigt werden. Angehörige können in der Regel am besten beurteilen, inwieweit solche Äußerungen echte Willensbekundungen sind. Wichtig kann die sachverständige Einschätzung durch Ärzte oder Juristen bezüglich der aktuellen Einwilligungsfähigkeit sein. Das gilt insbesondere für den Fall, dass leicht demente Menschen für sich eine Patientenverfügung erstellen wollen.*

**BEISPIEL 8**

Ermittlung des mutmaßlichen Willens nach mehrfachem Schlaganfall

**Ausgangssituation:** Frau K (85 Jahre) ist nach mehreren Schlaganfällen in den zurückliegenden Monaten hinfällig geworden. Sie ist pflegebedürftig, desorientiert, kann nicht mehr schlucken und zeigt häufig eine Verweigerungshaltung gegenüber medizinischen und pflegerischen Maßnahmen. Jetzt stellt sich die Frage, ob die Anlage einer PEG zwecks dauerhafter Nahrungs- und Flüssigkeitszufuhr ihrem mutmaßlichen Willen entsprechen würde. Auf Anregung des leitenden Arztes wird im Krankenhaus ein Gespräch darüber anberaumt.

**Gesprächsteilnehmer:** Der Betreuer (Neffe von Frau K), dessen Frau, ein weiterer Neffe und dessen Frau, der zuständige Stationsarzt, der leitende Arzt, der am gleichen Tag mit dem Hausarzt telefonisch Kontakt hatte.

**Zur Krankengeschichte:** Bis vor einem halben Jahr hat Frau K selbstständig gelebt. Nach mehreren Schlaganfällen wurde sie in kurzer Zeit hinfällig. Während des Aufenthalts in einer Reha-Klinik vor vier Monaten zunehmende Verschlechterung, sodass sie nach der Entlassung nach Hause nur noch einen Tag häuslich versorgt werden konnte. Nach vier Wochen Aufenthalt im Pflegeheim erneuter Schlaganfall und Krankenhauseinweisung. Nach vier Wochen Krankenhausbehandlung findet das Gespräch statt. Zu diesem Zeitpunkt ist Frau K desorientiert und voll pflegebedürftig. Schlucken ist nicht mehr möglich, seltene körpersprachliche Äußerungen, Verweigerungshaltung. Schmerzen im Kopf und der Wirbelsäule, die medikamentös gut kontrolliert werden können.

**Lebenserwartung:** Frau K hat innerhalb weniger Monate mehrere Schlaganfälle erlitten. Sie ist voll pflegebedürftig, kaum noch ansprechbar und ihre Lebenskraft schwindet deutlich. Selbst beim Einsatz aller medizinisch möglichen Maßnahmen ist von einer Lebenserwartung von Wochen bis wenigen Monaten auszugehen.

**Leidvolle Symptome:** Die Schmerzen sind mittels Medikamenten gut beherrschbar. Die Patientin ist zwar kaum ansprechbar, leidet aber ganz offensichtlich unter ihrer Situation.

**Frühere mündliche Äußerungen:** Angesichts von Behinderungen anderer Menschen hat sie immer Mitgefühl gezeigt, aber zugleich gesagt: „Das möchte ich mal nicht". Dem Hausarzt hatte die Patientin schon vor längerer Zeit gesagt, dass „nichts Großartiges an Medizin mehr getan werden sollte, wenn es so weit wäre." Anlässlich der notwendig werdenden Einweisung ins Altenheim habe sie diesen neuen Lebensabschnitt mit den Worten kommentiert, dass sie nun bald sterben würde. „Ich will jetzt sterben, die Oma hat's hinter sich". Dies habe sie sehr entschieden gesagt und von da an mit ihrer gesamten Körperhaltung auch immer wieder zum Ausdruck gebracht.

**Körpersprachliche Äußerungen:** Die durch die Nase eingeführte Magensonde hat sich Frau K mehrfach gezogen. Als ihr jetzt in einem wachen Moment die Anlage einer PEG nahegelegt wurde, habe sie langsam und energisch den Kopf geschüttelt.

**Wert- und Lebenseinstellungen:** Frau K ist von Schicksalsschlägen immer wieder gebeutelt worden. Ihr einziges Kind ist kurz nach der Geburt gestorben, ihr Mann vor acht Jahren. Sie sei jedoch kraftvoll mit Schwierigkeiten und auch mit Menschen umgegangen. Hindernisse habe es für sie keine gegeben. Sie sei immer dominant gewesen, habe für andere das Leben gut organisiert, aber sich selbst nicht helfen lassen. Für alle Hilfsleistungen, die sie in Anspruch nahm, hat sie bezahlt und von Angehörigen konnte sie unbezahlte Hilfen nur ungern annehmen. Sie war in vielen Vereinen aktiv und sehr spendabel. Außerhalb der Familie hatte sie wenige, aber sehr intensive Kontakte. Die Religion habe für sie keine größere Rolle gespielt. Die Frage nach dem Leben nach dem Tod sei für sie nicht relevant gewesen. Nach dem Tod des Ehemannes vor acht Jahren habe sie alles exakt geregelt: Neben Bankgeschäften habe sie auch ihre Beerdigung bis hin zur Musik genau festgelegt. Schon vor Eintritt der Schlaganfälle war Frau K ein Rollator verordnet worden. Aus Eitelkeit hat sie weder diesen noch Stöcke zum Gehen benutzt. Lieber habe sie ein kleines Fahrrad ohne Pedale als „Gehhilfe" genommen. Denn sie wollte keine Schwächen nach außen zeigen.

**Fazit:** Der Betreuer (Neffe) ist sich nach dem Gespräch sicher, dass seine Tante in dieser Situation nur noch lindernden Maßnahmen, nicht aber lebensverlängernden medizinischen Maßnahmen zustimmen würde. Die anderen Gesprächsteilnehmer teilen – ebenso wie der Hausarzt – diese Meinung. Frau K kann in einem Einzelzimmer im Krankenhaus für den absehbar kurzen Rest ihres Lebens bleiben, sodass die Angehörigen jederzeit bei ihr sein können. Sie erhält neben der Pflege nur noch lindernde Therapie.

**KOMMENTAR**

*Es handelt sich in diesem Fall um eine sehr häufig vorkommende Situation:* Nach einem großen oder mehreren kleinen Schlaganfällen ist die Betroffene voll pflegebedürftig, hat nur wenig Lebenskraft und ist nicht mehr einwilligungsfähig, ohne völlig bewusstlos zu sein. Das Ausdrucksvermögen ist nur noch mit Mimik, Gesten oder Körperhaltung gegeben, wobei dies häufig unbewusst erfolgt. Wenn – wie in diesem Beispiel – zeitnahe mündliche Äußerungen („Behandlungswünsche“) verschiedenen Menschen gegenüber übereinstimmend wiedergegeben werden können und wenn diese mit aktueller Körpersprache und früheren Lebenseinstellungen gut übereinstimmen, sind Entscheidungen zum mutmaßlichen Willen vergleichsweise einfach.

**➪ FALLBEISPIEL ZUR EIGENEN ERMITTLUNG UND BEURTEILUNG**

Eine alleinstehende alte Dame ist bisher autark und klagt nur über Schwindelanfälle. Bei einem häuslichen Sturz erleidet sie einen Oberschenkelhalsbruch, der direkt mit einer Endoprothese versorgt wird. Nach der OP erwacht die Frau nicht adäquat, sie ist nicht kontaktfähig und muss sogar weiter auf der Intensivstation beatmet werden. Im CT zeigt sich u. a. ein großer rechtsseitiger Schlaganfall, dessen Prognose als sehr schlecht bezeichnet wird. Neben einer bleibenden Halbseitenlähmung und Schluckstörung würde die Patientin auch schwere kognitive Störungen und eine massive geistige Fehlreaktion behalten. Ärztlich wird daraufhin die Intensivtherapie zwar beibehalten, auf Komplikationen würde aber nicht mit weiteren Maßnahmen reagiert werden.

Bald darauf kommt ein befreundetes Ehepaar zu Besuch, das von der Patientin eine ausführliche Vorsorgevollmacht erhalten hat. In der zusätzlichen Patientenverfügung heißt es ausdrücklich: „Sollte ich eine Hirnverletzung oder Hirnerkrankung haben, durch die meine normalen geistigen Funktionen schwerwiegend und irreparabel geschädigt worden sind, so bitte ich um Einstellung der Therapie.“

Im Team besteht Uneinigkeit, wie man mit dieser Verfügung umgehen solle, vor allem wenn es um die etwaige Einstellung der Beatmung ginge. Einige betonen die Eindeutigkeit der Patientenentscheidung, die voll auf die schweren Diagnosen zutrifft, andere wieder verweigern ihre Zustimmung mit dem Hinweis auf eine aktive Sterbehilfe, also die Hinnahme des Erstickungstodes bei Ausschalten des Beatmungsgerätes.

1. **Problemdefinition:** Wie lautet das ethische Problem?
2. **Faktensammlung:** Welche Prognose besteht bei den bekannten Diagnosen? Welche Handlungsalternativen gäbe es und welche Folgen hätten diese? Ist etwas über die Lebensanschauung der Patientin bekannt? Wie sieht ihre (zukünftige) soziale Situation aus? Welcher rechtliche Handlungsspielraum besteht?
3. **Bewertung:** Wie sind die verschiedenen Behandlungsalternativen im Hinblick auf Patientenwohl und Patientenwillen zu bewerten?
4. **Beschluss:** Wie lautet nunmehr das ethische Problem? Was ist jetzt zum guten Abschluss zu tun?

# 6 Der „mutmaßliche Wille" und das „subjektive Patientenwohl"

*Seit Jahrzehnten gilt das juristische „Instrument" des mutmaßlichen Patientenwillens als Maßstab für medizinische Entscheidungen bei Patienten, die selbst nicht mehr ihren Willen äußern können, also nichteinwilligungsfähig sind. Der Begriff geht auf einen Passus im BGB „Geschäftsführung ohne Auftrag" zurück. Derartige Entscheidungen seien davon abhängig zu machen, was „der Patient bei objektiver Beurteilung aller Umstände geäußert hätte, wenn er sich hätte entschließen und mitteilen können" Auslegungen objektiven Inhalts beinhalten naturgemäß das Risiko, Fehlurteile zu sein. Dazu besteht immer die Gefahr, dass Dritte ihre eigenen Interessen oder ihre Privatmoral bei der Ermittlung des mutmaßlichen Patientenwillens – bewusst oder unbewusst – verfolgen. „Solche Mutmaßungen sind äußerst problematisch, mangels Alternativen aber ... unverzichtbar". Die Ermittlung des mutmaßlichen Willens wurde daher von einigen Kritikern als Entscheidungskriterium für ärztliches Handeln bei nicht entscheidungsfähigen Patienten entschieden abgelehnt: Dessen ungeachtet wurde im Grundsatz immer daran festgehalten, dass der mutmaßliche Wille in gleicher Weise zu beachten ist wie der erklärte bzw. vorausbestimmte Wille. Er ist eine Hilfskonstruktion, aber besser als alle Alternativen. Unabdingbare Voraussetzung für die Ermittlung des mutmaßlichen Willens ist immer, dass der Betroffene nicht einwilligungsfähig ist und keine Patientenverfügung verfasst hat, die auf die konkret eingetretene Situation anwendbar ist.*

Wegweisend war dann das Urteil des Bundesgerichtshofs von 1994 (bekannt als sogenanntes Kemptener Urteil, s. S. 38 ff.), demzufolge **„Hilfe zum Sterben" durch Abbruch** einer ärztlichen Behandlung auch bei einem „unheilbar erkrankten, nicht mehr entscheidungsfähigen Patienten" zulässig sein kann, bei dem der unmittelbare Sterbeprozess noch nicht eingesetzt hat. In der Sache ging es um eine Patientin im sogenannten Wachkoma. 2003 wiederum hatte der Bundesgerichtshof beschlossen: „Ist ein Patient einwilligungsunfähig und hat sein Grundleiden einen irreversiblen tödlichen Verlauf angenommen, so müssen lebenserhaltende oder -verlängernde Maßnahmen unterbleiben, wenn dies seinem zuvor geäußerten Willen entspricht – etwa in Form einer sog. Patientenverfügung ." Gleichzeitig hat der Bundesgerichtshof den Gesetzgeber zu klärenden gesetzlichen Regelungen aufgefordert. Die Formel vom „Grundleiden mit einem irreversibel (unumkehrbar) tödlichen Verlauf" ist dann in den folgenden Jahren äußerst unterschiedlich ausgelegt worden. Der Bundesgerichtshof selbst hatte das irreversible Wachkoma zu derartigen Grundleiden gerechnet. Die Enquete-Kommission „Ethik und Recht der modernen Medizin" des 15. Deutschen Bundestages und andere haben sich 2005 unter Berufung auf diese Formel freilich dafür ausgesprochen, dass Wachkoma und Demenz nicht zu den Grundleiden mit einem irreversibel tödlichen Verlauf zu rechnen seien.

Das Bundesjustizministerium hatte nach der BGH-Entscheidung 2003 die Arbeitsgruppe „Patientenautonomie am Lebensende" eingerichtet, in deren Bericht festgestellt wird, dass der Vertreter „auch dann die Zustimmung zu einer lebenserhaltenden oder lebensverlängernden ärztlichen Behandlung (z. B. Künstliche Ernährung, Antibiotikagabe, Künstliche Niere, Maschinelle Beatmung, Organtransplantation,) wirksam verweigern" kann, „wenn das Grundleiden des Patienten noch keinen (unumkehrbaren) tödlichen Verlauf angenommen hat und das dem mutmaßlichen Patientenwillen entspricht."

Nach gründlicher und auch divergenter Behandlung des Themas hielt schließlich der Bundestag im Gesetz von 2009 daran fest, dass es **keine Reichweitenbegrenzung von Patientenverfügungen** oder **des ermittelten mutmaßlichen Willens** geben darf. Im nunmehr beschlossenen Gesetz heißt es: Die Festlegungen in einer Patientenverfügung oder der festgestellte mutmaßliche Wille „gelten unabhängig von Art und Stadium einer Erkrankung des Betreuten."

## 1. Die Kriterien zur Ermittlung des mutmaßlichen Patientenwillens

Bei der Bewertung des „Leidenszustands" eines Betroffenen ist die Ermittlung des mutmaßlichen Willens unbedingt notwendig. Dieser kann sowohl von außen, etwa „objektiv" vom Arzt als auch aus der Innensicht des Patienten „subjektiv" beschrieben werden. Diese Vermischung von objektiven und subjektiven Kriterien wurden zu Recht schon früh kritisiert und es wurde konsequent gefordert, dass für die Willensermittlung ausschließlich subjektive Kriterien angewendet werden sollten.

Der Bundesgerichtshof hat daher im „Kemptener Urteil" festgestellt: „An die Voraussetzungen für die Annahme eines mutmaßlichen Einverständnisses sind strenge Anforderungen zu stellen. Hierbei kommt es vor allem auf frühere mündliche oder schriftliche Äußerungen des Patienten, seine religiöse Überzeugung, seine sonstigen **persönlichen Wertvorstellungen,** seine altersbedingte Lebenserwartung oder das Erleiden von Schmerzen an." Weiter werden „konkrete Umstände" und die „gebotene sorgfältige Prüfung" für die Feststellung des individuellen mutmaßlichen Willens des Kranken gefordert. Dazu ist aber auch die Feststellung von Lebenshaltungen, Wertvorstellungen, religiösen oder ethischen Anschauungen des Betroffenen zu zählen. Der Katalog vermischt subjektive und objektive Kriterien („Lebenserwartung"), deutet aber „Leiden" rein subjektiv als „Erleiden von Schmerzen".

Das Gesetz von 2009 wurden die subjektiven und objektiven Kriterien aufgelistet: „Der **mutmaßliche Wille ist aufgrund konkreter Anhaltspunkte** zu ermitteln. Als subjektive Kriterien sind frühere mündliche und schriftliche Äußerungen, ethische oder religiöse Überzeugungen und sonstige persönliche Wertvorstellungen des Betreuten zu berücksichtigen". Objektive Kriterien finden sich in dieser Aufstellung nicht mehr. Diese finden sich aber an anderer Stelle des Gesetzes: „Der behandelnde Arzt prüft, welche ärztliche Maßnahme im Hinblick auf den Gesamtzustand und die Prognose des

Patienten indiziert ist." Die „Lebenserwartung" (Prognose) und „das Erleiden von Schmerzen", die früher noch wichtige Kriterien für den mutmaßlichen Patientenwillen waren, sind jetzt – was sachlich richtig ist – wichtig für die ärztliche Indikationsstellung.

## 2. Das subjektive Patientenwohl

Schon seit langem war es Aufgabe eines Betreuers, im „wohlverstandenen Interesse" des Betreuten zu entscheiden und zu handeln. Später galt diese Aufgabe auch für den Bevollmächtigten. Grundlage war § 1901 Absatz 2 des Bürgerlichen Gesetzbuchs: „Der Betreuer hat die Angelegenheiten des Betreuten so zu besorgen, wie es dessen Wohl entspricht. Zum Wohl des Betreuten gehört auch die Möglichkeit, im Rahmen seiner Fähigkeiten sein Leben nach seinen eigenen Wünschen und Vorstellungen zu gestalten." Die eigenen Wünsche und Vorstellungen des Betreuten sollten also schon immer Maßstab für das Handeln des Betreuers sein und nicht seine persönlichen Ansichten. Der Bundesgerichtshof hat diesen Gedanken 2003 noch verdeutlicht, indem er betonte, dass unter dem Wohl des Betreuten vorrangig sein subjektives Wohl zu verstehen sei. Versucht nun ein Betreuer, seine Entscheidungen für den Betreuten an dessen subjektivem Wohl zu orientieren und dieses festzustellen, dann läuft dies letztlich auf die Ermittlung des mutmaßlichen Willens hinaus. Beim mutmaßlichen Willen und beim subjektiven Wohl des Patienten handelt es sich also um dasselbe (V. Lipp), nämlich um einen Entscheidungsmaßstab für denjenigen, der anstelle des Patienten treuhänderisch dessen Vertretungsrecht ausübt. Der Vertreter hat die Verpflichtung, aus Sicht des Patienten zu entscheiden. Diese Feststellung ist ebenfalls in der Reform des Betreuungsgesetzes von 2023 (S. 22) enthalten, wohl auch, um Entscheidungen zu vermeiden, die der Absicherung des Vertreters oder auch des Arztes dienen könnten.

# Schlussbemerkung

Wer diese Broschüre liest, könnte den Eindruck gewinnen, dass die Ermittlung des Patientenwillens und die richtige ethische oder rechtliche Entscheidung im Sinne eines kranken, nicht entscheidungsfähigen Menschen komplex und meist das Ergebnis eines schwierigen Prozesses sei.

Bei dieser Entscheidung ist es deshalb sehr wichtig, dass alle Beteiligten Sorgfalt und Fürsorge für den betroffenen Patienten walten lassen. Sie müssen zugleich seine Ängste, Wünsche und Hoffnungen respektieren, damit ihre Entscheidung allen Bereichen seines Lebens und auch Leidens gerecht wird.

Bei der Suche nach dieser Lösung müssen persönliche Anschauungen und Überzeugungen zurück gehalten werden mit dem Ziel der gemeinsamen Überlegung und einvernehmlichen Lösung für den kranken Menschen. Alle Beteiligten sollen schließlich mit der erreichten Entscheidung gut leben können.

# Stichwortverzeichnis

# Entscheidungen über medizinische Maßnahmen bei nicht entscheidungsfähigen Patienten

## GESPRÄCHSPROTOKOLL

(Wenn der Platz nicht ausreicht, ist das Formular bedarfsweise zu ergänzen; die Ergänzungen sind dann als Teil des Protokolls zu betrachten.)

### 1. Personendaten

**Patientin/Patient:**

Name: ..........................................................................................................

Adresse/Telefon/E-Mail: ..........................................................................................................

Alter in Jahren: ..........................................................................................................

**Bevollmächtigter/Betreuer:**

Name: ..........................................................................................................

Adresse/Telefon/E-Mail: ..........................................................................................................

Name: ..........................................................................................................

Adresse/Telefon/E-Mail: ..........................................................................................................

Vollmacht/Betreuung vom ........................................................................(Datum, Betreuungsgericht)

**Weitere Beteiligte** (z. B. Ärzte, Angehörige, Pflegekräfte, Seelsorger):

Namen: ..........................................................................................................

..........................................................................................................

..........................................................................................................

..........................................................................................................

..........................................................................................................

**Gesprächsleitung:** ..........................................................................................................

**Ort und Datum:** ..........................................................................................................

Unterschrift des Betreuers/Bevollmächtigten Unterschrift des Gesprächsleiters/Arztes

(Aus: *Der Patientenwille,* C.H.BECK, ISBN 978-3-406-79632-6).

## 2. Medizinische Daten

**Diagnosen:** ..........................................................................................................................

..........................................................................................................................

**Lebenserwartung/Prognose:** ..........................................................................................................................

..........................................................................................................................

..........................................................................................................................

..........................................................................................................................

..........................................................................................................................

**Leidvolle Symptome/Therapiemöglichkeit/Toleranz der bzw. des Betroffenen:**

..........................................................................................................................

..........................................................................................................................

..........................................................................................................................

..........................................................................................................................

**Medizinische Indikation und Therapieziel** (situations- und personenbezogen):

..........................................................................................................................

..........................................................................................................................

..........................................................................................................................

*Gibt es keine medizinische Indikation, dann erübrigen sich alle weitere Überlegungen: Die ins Auge gefasste Maßnahme wird nicht durchgeführt.*

**Fragestellung** (bei gegebener medizinischer Indikation):

..........................................................................................................................

..........................................................................................................................

..........................................................................................................................

---

(Aus: *Der Patientenwille,* C.H.BECK, ISBN 978-3-406-79632-6).

## 3. Die Ermittlung des Patientenwillens

**Aktuelle Willensbekundungen** (auch körpersprachlich, z. B. bei Demenzerkrankten):

.................................................................................................................................................................

.................................................................................................................................................................

**Patientenverfügung** (Liegt sie vor? Trifft sie auf die Situation zu oder nicht? Gibt es Anhaltspunkte für eine Meinungsänderung?):

.................................................................................................................................................................

.................................................................................................................................................................

*Trifft eine vorliegende Patientenverfügung in der Situation zu, dann erübrigen sich alle weiteren Überlegungen: Es ist entsprechend dem vorausverfügten Willen zu handeln.*

**Behandlungswünsche** (sofern keine Patientenverfügung vorliegt oder diese nicht zutrifft):

.................................................................................................................................................................

.................................................................................................................................................................

*Lassen sich eindeutige, den Angehörigen oder dem Arzt gegenüber geäußerte Behandlungswünsche feststellen, ist ihnen gemäß zu handeln. Weitere Überlegungen erübrigen sich dann.*

## 4. Die Ermittlung des mutmaßlichen Patientenwillens (sofern auch mündliche Behandlungswünsche nicht feststellbar sind)

**Andere frühere Äußerungen** (z. B. zum Schicksal anderer):

.................................................................................................................................................................

.................................................................................................................................................................

.................................................................................................................................................................

.................................................................................................................................................................

---

(Aus: *Der Patientenwille,* C.H.BECK, ISBN 978-3-406-79632-6).

**Lebenseinstellungen, Wertvorstellungen, religiöse oder ethische Anschauungen:**

Wie ist der Betroffene früher mit Schicksalsschlägen, eigener Krankheit, Behinderung oder anderem persönlichen Leid zurecht gekommen? Wie ist der Betroffene mit dem Leid anderer umgegangen? Wie war seine Fähigkeit, die Hilfe anderer anzunehmen? Hat der Betroffene Ängste geäußert? Welche früher, welche zuletzt? Wie hat er rückblickend sein Leben eingeschätzt? War es für ihn in Ordnung oder nicht? Hatte er Pläne für sein weiteres Leben? Auch zuletzt? Gibt es „Unerledigtes", das noch in Ordnung gebracht werden sollte? Wie waren die Beziehungen zu anderen? Zur Religion? Wie sah zuletzt der Alltag des Betroffenen aus? Was war wichtig, was nicht (mehr)? Hatte er Vorstellungen über ein Leben nach dem Tod? Hat er Vorkehrungen für den eigenen Todesfall getroffen?

..............................................................................................................................................................

..............................................................................................................................................................

..............................................................................................................................................................

..............................................................................................................................................................

..............................................................................................................................................................

..............................................................................................................................................................

..............................................................................................................................................................

*(Falls der Platz nicht ausreicht, bitte Ergänzungen auf einem Zusatzblatt vornehmen.)*

## 5. Zusammenfassendes Ergebnis

..............................................................................................................................................................

..............................................................................................................................................................

..............................................................................................................................................................

..............................................................................................................................................................

..............................................................................................................................................................

..............................................................................................................................................................

Aus: Der Patientenwille. Was tun, wenn der Patient nicht mehr selbst entscheiden kann?, von Dworzak, Verlag C.H.BECK, 6. Aufl. 2023, ISBN 978-3-406-79632-6.

---

(Aus: *Der Patientenwille,* C.H.BECK, ISBN 978-3-406-79632-6).